Christoph Biemann

Christophs
Buch der
Entdeckungen

Gestaltet und illustriert
von Hildegard Müller

Carl Hanser Verlag

Die Schreibweise in diesem Buch entspricht
den Regeln der neuen Rechtschreibung.

Unser gesamtes lieferbares Programm
und viele andere Informationen finden Sie unter
www.hanser-literaturverlage.de

1 2 3 4 5   14 13 12 11 10

ISBN 978-3-446-23584-7
© Carl Hanser Verlag München 2010
Umschlag, Satz und Litho: Hildegard Müller
Druck und Bindung: Tlačiarne BB, spol. s r.o.
Printed in Slovak Republic

Inhalt

Entdecken macht Spaß 7

Erste Entdeckungen 9

Weichenstellungen für unser Leben heute 21

Die Griechen – Olympiade der Neugier und Erkenntnis 47

Gute Zeiten, schlechte Zeiten für Entdecker 63

Die Menschen entdecken die Welt für sich 67

Wie hat sich das Leben entwickelt? 107

Die Entdeckung der Maschinenarbeit 131

Entdeckungen in der Medizin 137

Die Entdeckung der menschlichen Seele 141

Frauen als Entdeckerinnen 149

Planck, Einstein & Co. 155

Zum Schluss 165

Ganz zum Schluss 166

Entdecken macht Spaß

Schon mal miterlebt, wie ein kleines Kind seinen eigenen Schatten entdeckt? Staunen, Erschrecken, freudige Begeisterung. Es macht Spaß, etwas zu entdecken, etwas zu wissen, was man vor wenigen Augenblicken noch nicht wusste. Aus diesem Grund haben auch viele Spaß an der »Sendung mit der Maus«. Mir hat es aus demselben Grund großen Spaß gemacht, Kind zu sein – und ich versuche, Kind zu bleiben, indem ich neugierig auf alles bin, was es zu entdecken gibt.

Jedes Kind muss die Welt entdecken, in die es hineingeboren wird. Das ist heute so und war vor zehntausend Jahren nicht anders. Aber die Welt ist ganz anders als vor zehntausend Jahren, und das hat mit den Entdeckungen zu tun, die in der langen Zeit gemacht wurden. Sie prägen das Wissen der Welt, die jedes Kind für sich entdecken muss. Dass die Erde rund ist, dass das Denken im Gehirn passiert, dass die Erde um die Sonne kreist, dass Atome aus noch kleineren Teilchen bestehen – das alles ist entdeckt worden, und natürlich können wir so etwas im täglichen Leben nicht selbst herausfinden. Dennoch sind diese Entdeckungen Teil unseres Wissens.

Ich bin mir ganz sicher, dass es in der Geschichte der Menschheit immer Entdecker gab, Menschen, die neugierig auf einen Berg gestiegen sind, die einen Fisch aufgeschnitten haben, um zu sehen, wie er von innen aussieht, oder die sich nichts sehnlicher wünschten, als die Erde einmal vom Mond aus zu betrachten.

Die Namen der meisten dieser Menschen kennen wir heute nicht mehr, weil die wichtigsten Entdeckungen gemacht wurden, als die Menschen noch keine Namen hatten. Oder keine Schrift, um sie aufzuschreiben. Von den unbekannten wie von den bekannten Entdeckern und ihren Geschichten handelt dieses Buch. Es ist ihnen gewidmet und allen Kindern, die gerade dabei sind, die Welt zu entdecken.

Viel Spaß beim Entdecken wünscht euch euer

Erste Entdeckungen

Als ich Kind war, mochte ich keine Oliven. Heute dagegen mag ich sie sehr. Immer wenn Oliven auf den Tisch gestellt werden, greife ich gerne zu. Auch Olivenöl benutze ich sehr gerne. Wie habe ich mich gefreut, als ich im Winter in Italien Oliven an den Bäumen hängen sah! Frische Oliven, direkt vom Baum! Abrupfen und gleich in den Mund damit!

Das Gesicht, das ich eine Sekunde später machte, sagte: »Bitter!«, »Sauer!«, »Iiiih!«, »Bäh!« – alles auf einmal. Und ich konnte die Olive, auf die ich so erwartungsvoll gebissen hatte, nicht schnell genug ausspucken. So ein scheußlicher Geschmack! »Wie kann man so was essen?«, war meine spontane Frage.

Meine nächste Frage war: »Wie haben die Menschen entdeckt, dass Oliven essbar sind und dass man Öl daraus gewinnen kann? Und wann?«
Das muss lange her sein, denn zur Zeit der Römer – vor ungefähr 2000 Jahren – war Olivenöl, neben Weizen und Wein, schon das wichtigste Gut, das in großen Mengen gehandelt und mit Schiffen transportiert wurde.

Auf diese Frage, wie auf viele andere Fragen, die sich mit den Entdeckungen der Menschen beschäftigen, die vor Beginn jeder Geschichtsschreibung gemacht wurden, gibt es eine einfache und kurze Antwort: Die Menschen hatten jede Menge Zeit. Tausende Jahre, sich und ihre Umwelt zu entdecken.

Aber wann fing alles an? Wann wurden die Menschen zu Menschen? Diese Frage kann man – bis heute – schlicht und einfach nicht beantworten.

Auch wenn das noch heute manche nicht glauben möchten, sind die engsten Verwandten der Menschen die Affen. So habe ich, wenn ich manchmal im Zoo einem Affen in die Augen schaue, das Gefühl, eine verwandte Seele vor mir zu haben. Vor etwa sieben Millionen Jahren tauchte eine Art auf, die den Schimpansen sehr ähnlich ist. Wenn wir heute Exemplare dieser Art zu Gesicht bekämen, würden wir sie sicher als Schimpansenart bezeichnen. Und doch war es genau die Affenart, aus der sich die Menschen entwickelten.

Affen oder Menschen?

Vor sieben Millionen Jahren wurde der Urwald in Afrika, wo diese Affen lebten, weniger dicht. Es erwies sich als praktisch, Lichtungen und Grasflächen schnell auf zwei Beinen zu durchqueren. Vielleicht waren es nur fünf bis zehn Affen, die vielleicht erst nur aus Spaß probierten, aufrecht zu gehen. Bis sich diese Art der Fortbewegung verbreitete und durchsetzte, hat es etwa eine Million Jahre gedauert. Eine Million Jahre! Das kann man sich nicht vorstellen. Auf jeden Fall ist es eine sehr, sehr lange Zeit.

Was wissen wir überhaupt von den frühen Menschen? Und woher wissen wir es?

Die Skelettreste von frühen Menschen, die vor allem im östlichen Teil Afrikas gefunden wurden, sind nur einzelne Knochen, manchmal sogar nur Knochenstücke. Am aufschlussreichsten sind Kieferknochen – denn an denen kann man erkennen, was die Menschen damals gegessen haben – und Beckenknochen – an denen kann man erkennen, ob die frühen Menschen (wenn man sie überhaupt Menschen nennen kann, die Wissenschaftler sagen »Australopethicus«, was so viel wie »Südaffe« heißt) auf zwei oder auf vier Beinen gelaufen sind.

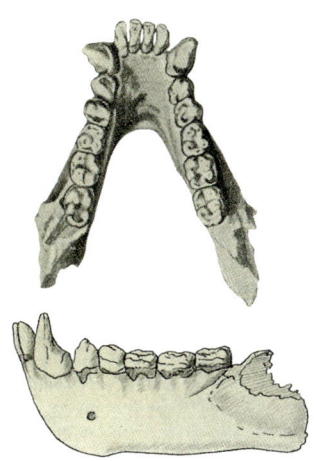

Spurensuche

Knochen verwesen, zerfallen, halten auf keinen Fall mehr als ein paar Hundert Jahre. Deswegen ist alles, was wir an Knochenresten finden, versteinert. Damit ein Knochen versteinern kann, muss er von Schlamm oder Erde bedeckt sein; er darf keine Luft abbekommen. Dann kann sich in dem Hohlraum, den der verweste Knochen hinterlässt, ein Stein bilden, der so aussieht wie der Knochen selbst. Aber das geschieht nur unter bestimmten Umständen, wenn zum Beispiel die Erde einen ganz bestimmten Mineraliengehalt hat, der Schlamm ausreichend trocken ist und so weiter.

Man schätzt, dass nur aus einem von einer Million Körpern ein Fossil wird, also etwas, das man heute noch finden kann. Da bliebe von allen Einwohnern einer Stadt wie zum Beispiel Köln, wo ich lebe, nur ein Knochen oder Knochenstück übrig. Sehr unwahrscheinlich, bei so wenigen Spuren herauszufinden, dass da beispielsweise Karneval gefeiert wurde.

Der aufrechte Gang

Wenn wir so wenig über das Leben der frühen Menschen wissen, bedeutet das, dass wir uns viele Dinge vorstellen müssen, ohne jemals sicher sein zu können, ob es wirklich stimmt, was wir aus den Funden schließen. Trotzdem müssen wir natürlich fragen, wenn wir Antworten wenigstens versuchsweise geben wollen: Was kann es also für Auswirkungen gehabt haben, dass die Menschenaffen oder Affenmenschen auf zwei Beinen gingen?

Affen, die auf zwei Beinen laufen, haben natürlich zwei Hände frei. Ob die schon dazu benutzt wurden, um Jungtiere durch die Gegend zu tragen, oder gar um mit Stöcken als Werkzeugen zu hantieren, wissen wir nicht. Noch weniger wissen wir, ob es eine Art Arbeitsteilung gab. Ob zum Beispiel die Männchen Nahrung sammelten und mit den Armen, die nun frei waren, transportierten, während die Weibchen die freien Hände nutzten, um Babys durch die Gegend zu tragen – was wiederum bedeuten würde, dass sie sich besser um die Kleinen kümmern konnten.

Auf alle Fälle kann man aus den Funden in Afrika ablesen, dass die frühen Menschen in Gruppen zusammenlebten. In kleinen Gruppen, weit verteilt über den riesigen afrikanischen Kontinent, die möglicherweise nicht einmal voneinander wussten.

Wann genau wurden aus Affen Menschen? Die Biologen machen es sich leicht, indem sie sagen: »Der Mensch stammt nicht vom Affen ab, er ist ein Affe.«

Der aufrechte Gang hat die Affen nicht zu Menschen gemacht, aber ohne ihn wäre es nicht weitergegangen. Sie hatten die Hände frei und konnten Werkzeuge benutzen. Ist vielleicht das Hantieren mit Werkzeugen der Punkt, an dem der Mensch Mensch wurde? Wohl kaum. Vögel benutzen Steine als Werkzeuge, um Nüsse zu knacken. Schimpansen nehmen lange Stöcke, um Früchte von Bäumen zu schlagen, und Grashalme und dünne Zweige, um Ameisen aus ihrem Bau zu angeln.

Allerdings haben die frühen Menschen, anders als die Affen, angefangen, ihr Werkzeug selbst herzustellen. Sie mussten sich nämlich etwas einfallen lassen. Sie waren nicht besonders schnell im Vergleich zu anderen Tieren. Sie konnten nicht besonders gut sehen, ihre Zähne waren nicht so gut und auch ihr Geruchssinn war nicht der ausgeprägteste. Was es bedeutete, dass die Raubkatzen schneller waren als die Menschen, braucht man sich nicht groß zu überlegen. Die Gattung Mensch war nicht gerade ein Erfolgsmodell. Kein Wunder, dass die meisten der frühen Menschenarten ausgestorben sind. Nur unser Ast des Stammbaums der Menschen ist weiter gewachsen.

Das wichtigste Werkzeug: Das Gehirn

Wenn man sich etwas einfallen lassen muss, ist es praktisch, ein gut funktionierendes Gehirn zu haben. Heute wissen wir, dass zwischen der Fähigkeit, die Hände zu gebrauchen, und der Entwicklung des Gehirns ein Zusammenhang besteht. Bei Kindern, die malen und basteln, entwickelt sich das Gehirn besser und schneller. So wuchs auch das Gehirn der frühen Menschen. Es war ein Wechselspiel: Je mehr das Gehirn benutzt wurde, desto größer wurde es. Je größer es war, desto mehr konnten die Menschen es benutzen.

Als der Menschenvorfahre Homo erectus, der »aufrecht Gehende«, vor etwa 2 Millionen Jahren auftauchte, war sein Gehirn etwa 800 Kubikzentimeter groß, also so groß wie eine Pampelmuse.

Vor 200 000 Jahren, also 1,8 Millionen Jahre später, war das Gehirn des Homo sapiens fast doppelt so groß und ist seitdem auch nicht wesentlich gewachsen. Denn 200 000 Jahre sind in der Geschichte der Menschheit eine recht kurze Zeit.

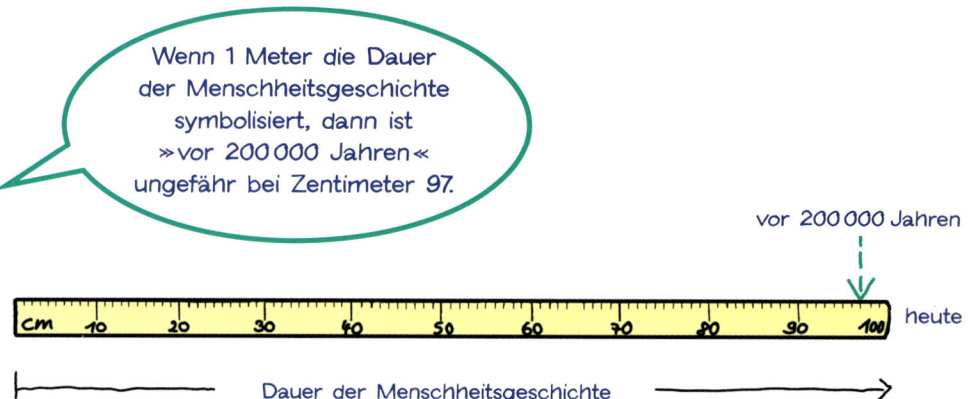

Für die Entwicklung des Gehirns war es auch wichtig, dass die frühen Menschen mehr und mehr zu Fleischessern wurden. Fleisch liefert mehr Eiweiß, und das kann das Gehirn gut gebrauchen.

Hatten sie sich anfangs nur von Wurzeln, Blättern und Früchten ernährt, gingen sie nun dazu über, erst bereits tote Tiere zu essen, dann das, was andere Raubtiere übrig ließen, und schließlich begannen sie, selber zu jagen. Das kann man an den Gebissen ablesen, die gefunden wurden. Um Körner oder Blätter zu kauen, braucht man breite Kauflächen, so wie bei unseren Backenzähnen. Für Fleisch sind spitze, scharfe Zähne nützlich, so wie unsere Schneidezähne, oder die Eckzähne, die zum Beispiel bei Hunden und Katzen länger sind und dann Reißzähne heißen.

Die Entdeckung des Feuers

Als die Menschen vor etwa 1,5 Millionen Jahren entdeckten, dass Feuer nicht nur gefährlich ist, sondern auch nutzbringend verwendet werden kann, machten sie einen Schritt, den nur sie gegangen sind. Sie werden festgestellt haben, dass das Fleisch der Tiere, die im Feuer umgekommen waren, besser schmeckte und bekömmlicher war. Das kann man jedenfalls vermuten, denn es wurden angekohlte Steine und Äste gefunden, deren Alter man bestimmen kann. Feuerstellen, so wie wir sie uns vorstellen, sind aber erst aus der Zeit vor 100 000 Jahren bekannt. Und erst vor etwa 15 000 Jahren lernten die Menschen, Feuer zu machen.

Das Feuer war eine Entdeckung, die den Menschen ganz neue Möglichkeiten eröffnete. Jetzt konnten sie sich vor Tieren schützen, für die sie vorher leichte Beute waren. Das Feuer spendete Wärme und Licht. Licht, das ihnen ermöglichte, bei Dunkelheit wach zu bleiben. So wurde das Feuer auch zum Treffpunkt. Da traf man sich, unterhielt sich, sang, schmuste, erzählte sich Geschichten und kochte seine Mahlzeiten. Man machte das, was man auch heute noch am Lagerfeuer macht. Wahrscheinlich ein Grund dafür, dass wir heute mit Lagerfeuer und Kamin eine angenehme Vorstellung verbinden.

Später werden Beobachtungen oder zufällige Ereignisse am Feuer dazu geführt haben, dass die Menschen entdeckten, dass manche Erden unter Einwirkung von Feuer fest werden: der Anfang der Keramik. Auch dass Metall schmilzt, wird am Feuer entdeckt worden sein.

Worte am Feuer oder: Der Anfang aller Kultur

Zu gerne würde ich wissen, was sich die Menschen damals am Lagerfeuer erzählt haben. Denn sprechen konnten sie sicher, zumindest seit 200 000 Jahren: In dieser Zeit entstand das sogenannte FOXP2 Gen, das die Ausbildung eines sprechfähigen Kehlkopfs und andere wichtige Funktionen steuert, die das Sprechen erst möglich machen. Weil sie allein keine Tiere jagen konnten, mussten die frühen Menschen in Gruppen jagen, wobei möglicherweise die einen die Tiere vor sich hertrieben, den anderen in die Arme. Dazu mussten sie sich verständigen, und das ging nur in einer Sprache, die Aufgaben benennen und Abläufe beschreiben konnte. Solange man noch kein Feuer machen konnte, musste das Feuer gehütet werden. Auch da musste man Aufgaben verteilen, zum Beispiel Feuerwachen verabreden.

Pfeifen und Flöten
der Steinzeit.

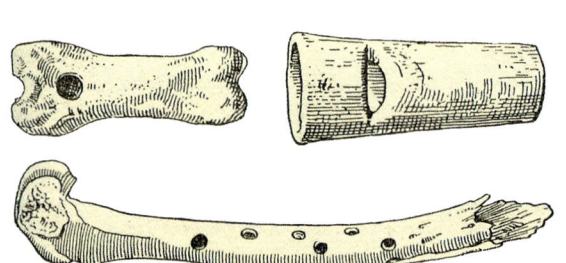

Die Menschen werden über den Tag geredet haben, über Jagderlebnisse, Plätze, wo Beeren wuchsen, über Hunger und Durst, Liebe, Kinder – alles Mögliche. Dabei ist ihre Sprache bestimmt immer vielseitiger und ausdrucksstärker geworden. Sicher gab es besonders gute Geschichtenerzähler, gute Sänger, furiose Trommler, Tänzer. Man wird auf die Idee gekommen sein, mit der Asche Gesicht und Körper zu verzieren. Ich bin überzeugt davon, dass die Kultur der Menschen am Feuer entstanden ist.

Ich kann mir auch vorstellen – aber ob das wirklich so war, kann keiner wissen –, dass für die frühen Menschen das Feuer eine Art Lebewesen war. Es bewegt sich wie ein lebendiges Wesen, kann zerstören, aber auch Gutes tun. Es hat Macht über die wilden Tiere, vor denen die Menschen sich fürchten müssen. Das Feuer wird für die Menschen etwas Heiliges gewesen sein. Es gibt Spuren von Feuern, bei denen geopfert wurde. Dem Feuer wurde geopfert. Es könnte für die Menschen damals eine Art Gottheit gewesen sein.

Ein sehr langsamer Start in die Geschichte

Manche sagen, die Urmenschen seien nun wirklich keine großen Entdecker gewesen. Nach der Entdeckung des Faustkeils vergingen eine Million Jahre, bis ein fortschrittlicheres Modell (immer noch ein Faustkeil) aufgelegt wurde. Eine Million Jahre kein Fortschritt in der Geschichte der Menschheit! Wenn man von dem ausgeht, was in Ausgrabungen zu finden ist, mag das stimmen. Aber das, was wirklich wichtig ist, kann gar nicht gefunden werden. Die Gesichts- und Körperbemalungen, die Lieder, die Geschichten am Lagerfeuer.

Alles das, was die Menschen in der Natur – am Himmel und auf der Erde – beobachtet haben, und wie sie versucht haben, sich Dinge zu erklären und zu deuten.

Wir können unmöglich wissen, worüber sich die Menschen Gedanken gemacht haben. Ob sie gelacht haben, über den Tod von Mitmenschen traurig waren, ob sie dumpf in die Gegend stierten oder wachsam ihre Umwelt beobachteten. Sicher waren sie Teil der Natur, die sie umgab, ständig damit beschäftigt, das Überleben zu sichern: Nahrung, Schlaf, Fortpflanzung.

Noch heute gibt es Menschen, die auf dieser Entwicklungsstufe leben. Ob sie sich weiterentwickelt haben oder dort stehen geblieben sind, wo alle Menschen vor 30 000 Jahren waren, kann man nicht sagen.

Ob die Menschen damals auch hinter allem in der Natur Geister am Werk sahen, so wie diese Naturvölker heute? Und warum ist ein Teil der Menschheit auf einer Entwicklungsstufe stehen geblieben, während der Rest immer neue Entdeckungen machte? Ich denke, es gibt, was die Entdeckermenschen angeht, zwei Antworten auf diese Frage: Einmal wurden die Menschen von ihrer Umwelt herausgefordert. Zum anderen waren sie auch neugierig.

Menschen machen sich auf den Weg

Um zu überleben, mussten sich die Menschen immer etwas Neues einfallen lassen. Da war zum Beispiel das Problem, dass, wenn sie ein Tier erlegt hatten, schnell die Hyänen und andere Aasfresser zur Stelle waren, die den Menschen ihre Beute streitig machten. Sie mussten das Tier also möglichst schnell enthäuten und in handliche Stücke zerlegen, die sie abtransportieren konnten. Das ging nur mit scharfen Klingen, die aus Feuerstein hergestellt wurden. Die konnte man finden.

Eine Möglichkeit, das Überleben zu sichern, war sicher auch, das Gebiet, in dem die Nahrung gesammelt und gejagt wurde, zu verlagern oder auszudehnen. Auf diese Weise breiteten sich die Menschen immer weiter auf der Erde aus. Von Ostafrika, wo nach allen Ergebnissen moderner Forschung die ersten Menschen lebten, breiteten sich die Urmenschen nach Norden und Süden aus. Das war keine Völkerwanderung, sondern ging sehr, sehr langsam vor sich. Ein Kilometer im Jahr, rechnen die Forscher. Aber in einer Million Jahren kann man auch bei dieser Geschwindigkeit ganz schön rumkommen. Ich kann mir auch denken, dass manche Menschen neugierig waren zu erfahren, was hinter der Biegung des Flusses zu finden ist, was hinter der nächsten Hügelkette ... Vielleicht hatten die Menschen damals ja auch den Drang, auf Berge oder wenigstens Hügel zu steigen und die Welt von oben anzuschauen.

Weil sie sich sowohl von Pflanzen wie von Tieren ernährten, zeigten die Menschen sich als ziemlich anpassungsfähig, während manche andere Tierarten nur aussterben konnten, wenn sich ihre Nahrungsgrundlage änderte. Zum Beispiel bei einer Eiszeit. Als während der letzten Eiszeit Europa von Gletschern bedeckt war, lebten hier schon Menschen, die mit der Kälte klarkommen mussten.

Der Auszug aus dem Paradies oder: Die Entdeckung der Kleidung

In Afrika war es praktisch gewesen, mit wenig Fell herumzulaufen. Bis aber den nackten Menschen, die nach Norden gezogen waren, ein Fell gewachsen wäre, wären sie längst alle erfroren. Sie entdeckten, dass sie die Felle der erbeuteten Tiere nutzen konnten, um sich zu wärmen. So eine Tierhaut wird aber steif und stinkt fürchterlich. Wenn sie von Fleischresten gründlich befreit wird, ist es besser.

Mit Urin, Asche und Eichenrinde kann man aus einem Tierfell Leder machen; aber darauf kommt man nicht ohne Weiteres. Viele Zufälle und möglicherweise viel Ausprobieren sind nötig gewesen, um das rauszukriegen. Wie bei uns heute wird es Menschen gegeben haben, die die Dinge so genommen haben, wie sie sind, und andere, die sich gedacht haben, es könnte auch anders gehen. Die haben dann probiert, experimentiert, würde man heute sagen. Manche Entdeckungen wurden über viele Tausend Jahre hinweg gemacht. Immer kam ein neuer Baustein dazu. Und sicher geriet manches, was schon entdeckt war, wieder in Vergessenheit – über viele, viele Jahre. Das passiert sogar heute noch. Wenn ein altes Handwerk, zum Beispiel das des Besenbinders, nicht mehr ausgeübt wird, weil Maschinen das besser und billiger können, geht viel Wissen verloren.

19

Wissen wird weitergegeben

Manche Ur-Olive wird in salziges Wasser gefallen sein, ohne dass ein Mensch davon Notiz genommen hätte. Vielleicht hat sie dem allerersten Menschen, der sie probiert hat, gar nicht geschmeckt, oder sie hat ihm geschmeckt, und er ist wenig später von einem Krokodil gefressen worden und konnte niemandem von seiner Entdeckung erzählen. Aber irgendwann wird sie einem geschmeckt haben. Von da bis zu der Idee, Oliven in Salzlake ziehen zu lassen, können gut noch einmal tausend Jahre vergangen sein. Im Gegensatz zu Tieren hatten die Menschen aber die Möglichkeit, von ihren Entdeckungen zu erzählen, sodass diese Erkenntnisse weitergegeben werden konnten. So wussten die Kinder und Kindeskinder der Entdecker des Oliveneinlegens schon ganz selbstverständlich von diesem Verfahren.

Das Weitergeben von Wissen ermöglichte es den Menschen, sich an immer neue Umweltbedingungen anzupassen. Das machte es auch möglich, dass die Menschen für neue Entdeckungen immer weniger Zeit brauchten. Vielleicht merkten die Menschen auch, dass Neugierde sich lohnt. Besonders neugierig waren die Menschen, wenn sie nachts die Sterne am Himmel anschauten. Da geraten wir heute noch ins Staunen, wenn wir uns überlegen, was dort oben wohl sein mag.

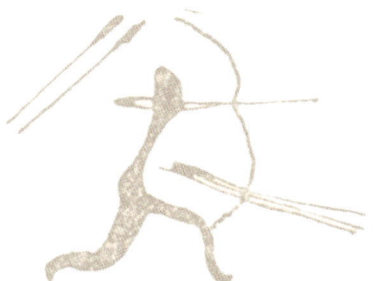

Weichenstellungen
für unser Leben heute

Es gab eine Zeit, da lebten auf dem Planeten Erde nur ein paar Zehntausend Menschen. Auf der ganzen Welt nur so viele wie heute in einer Kleinstadt. In kleinen Gruppen jagten sie Tiere, deren Fleisch sie aßen, sammelten Wurzeln und Früchte und kamen ganz gut über die Runden. Wenn sie nicht genug Nahrung fanden, zogen sie einfach weiter. Noch heute erinnern sich die Menschen an diese schöne Zeit in ihren Geschichten vom Paradies.

Eigentlich hatten die Menschen keinen Grund ihre Lebensweise zu ändern. Und doch haben sie es getan und das relativ leichte Leben der Jäger und Sammler gegen das harte und arbeitsreiche der Bauern eingetauscht. »Im Schweiße deines Angesichts sollst du dein Brot essen«, heißt es in der Bibel, als Eva und Adam aus dem Paradies vertrieben werden.

Wie ist es dazu gekommen? Manche Forscher sagen, die Menschheit sei da einfach so reingeschlittert, andere suchen nach Gründen. Man kann feststellen, dass die Zahl der Menschen in der Zeit der Sammler und Jäger kaum zugenommen hat. Da es keine Geburtenkontrolle gab, bedeutet das, dass viele Menschen gestorben sind, entweder schon im Kindesalter oder durch Hunger oder Unfälle. Sicher sind viele der Jäger und Sammler auch Opfer von Raubtieren geworden. So sehr paradiesisch kann das Leben also nicht gewesen sein.

Das fruchtbare Wadi Feiran (Pharan) im Sinai.

Wenn für die Sammler und Jäger das Nahrungsangebot knapp wurde, sind sie einfach weitergezogen. Was aber, wenn sie nirgendwohin ausweichen konnten? Da, wo heute Israel, Jordanien, Syrien und der Irak liegen, sind die Menschen zuerst sesshaft geworden. Denn in dieser Weltgegend gibt es auch heute nur schmale fruchtbare Landstriche – am Meer oder entlang der Flüsse Jordan, Euphrat und Tigris.

Einige wichtige Entdeckungen hatten die Menschen sicher schon gemacht: dass aus Samen neue Pflanzen wachsen, dass manche Tiere weniger Angst vor Menschen haben als andere. Hunde waren schon vor ein paar Tausend Jahren zu Begleitern der Menschen geworden. Aber auch Schafe und Ziegen kamen mit der Nähe von Menschen zurecht und konnten gezähmt und gezüchtet werden, wie später auch Rinder und Pferde.

Die Veränderungen in der Lebensweise der Menschen vollzogen sich nicht in wenigen Jahren, sondern liefen langsam ab – manchmal über mehrere Hundert Jahre. So fing man zuerst an, Gräsersamen systematisch zu sammeln, man erntete also nur, säte aber noch nicht. Man wird Tierherden vor sich hergetrieben und Raubtiere ferngehalten haben, bevor sich eine regelrechte Viehzucht entwickelte.

Dann werden Menschen entdeckt haben, dass es sinnvoll ist, Vorräte anzulegen. Ein erster Schritt zum sesshaften Leben. Der zweite war das Anlegen von Äckern und Gärten. Mit der

Eine der ersten Pflanzen, von denen wir wissen, dass sie von Menschen kultiviert wurde, war der Weinstock. Sicher wussten die Menschen schon sehr früh, dass das Verzehren vergorener Früchte etwas im Kopf bewirkt, das sie als nicht unangenehm empfanden. Weil Wein auch in trockenen Gegenden saftige Früchte hervorbringt, lag es nahe, die Früchte dieser Pflanze zu vergären, um Alkohol damit herzustellen. Dass das auch mit Getreide geht, haben die Ägypter herausgefunden. So kann man sagen, dass das Keltern von Wein und das Brauen von Bier mit zu den ersten Entdeckungen der Menschen gehört, die mit Chemie zu tun haben.

neuen Lebensweise konnte man viel mehr Menschen ernähren, und so gab es im Bereich des »goldenen Halbmonds« – so nannte man das Gebiet, in dem heute Israel, Jordanien, Syrien und der Irak liegen – eine Bevölkerungsexplosion. Da, wo ein paar Jahrhunderte vorher nur selten ein Grüppchen Menschen durchzog, gab es jetzt Dörfer. Zuerst nur eine Anhäufung von Hütten, aber bald entdeckte man, dass Straßen und Wege für ein Dorf sinnvoll sind. Bald gab es Siedlungen, die mehrere Hektar groß waren und mehr als zehntausend Einwohner hatten.

Die Zeit, in der ein Teil der Menschheit sich entschloss, sesshaft zu werden, wird Steinzeit genannt. Denn Werkzeuge aus Stein sind das, was wir aus dieser Zeit am häufigsten finden. Äxte sind das, Speerspitzen und Pfeilspitzen aus Feuerstein. Die wurden für die Jagd auf Tiere gebraucht, aber auch als Waffen, um andere Menschen anzugreifen oder um sich zu verteidigen. Sehr wahrscheinlich gab es auch Werkzeuge aus Holz oder aus Knochen. Aber die kann man heute nicht mehr finden, weil sie schon längst verrottet sind.

Dadurch, dass ein Teil der Menschheit sesshaft geworden war, wurde die Welt keineswegs friedlicher. Im Gegenteil gab es jetzt neue Gründe, sich zu streiten: Berichtet wird von Streit zwischen den Sesshaften und den Nomaden, die über das Land ziehen wollten, wo die Äcker der Bauern lagen. Und wenn es passierte, dass die Herden der Viehzüchter auf Getreidefeldern grasten, gab es garantiert auch Streit. So ist der erste Mord, von dem die Bibel erzählt, der des Ackerbauern Kain an seinem Bruder Abel, einem Viehhirten. Und einer der ersten Texte, die wir kennen, spricht davon, dass die Viehherden nur auf die abgeernteten Felder dürfen, dann allerdings willkommen sind, weil sie die Erde auflockern und mit ihrem Kot den Acker düngen.

Die hart erarbeiteten Vorräte an Getreide zum Beispiel waren sicher eine Versuchung für die, die keine Vorräte angelegt hatten. Es fällt nicht schwer sich vorzustellen, was passierte, wenn ein Stamm hungriger Nomaden auf ein Dorf mit prall gefüllten Vorratsspeichern stieß. Es gab Besitz und damit auch Diebstahl. Und was passierte, wenn jemand von einem Feld erntete, das er nicht bestellt und auf dem er nicht gesät hatte?

Tatsächlich finden die Archäologen in den Ruinen der Siedlungen aus der Steinzeit und in den Gräbern der damaligen Zeit deutliche Hinweise darauf, dass es Leute gab, die den anderen Befehle erteilen konnten, die wichtiger und bedeutender waren als der Rest: Stammesälteste, Häuptlinge, Chefs. Aber auch deren Befehle konnten auf Dauer nur Bestand haben, wenn sie als gerecht und weise angesehen wurden. Und immer wenn es gerecht zugehen soll, wird es auch kompliziert: Wie legt man die Grenzen der Äcker fest, wie kennzeichnet man die Tiere seiner Herde? Wie teilt man das Land eines Vaters unter seinen Söhnen auf? Wie bewertet man Felder, die unterschiedlich fruchtbar sind? Als Antwort auf diese Fragen musste ein ausgefeiltes Regelwerk für das Zusammenleben der Menschen in den Siedlungen entstehen. So war die Landvermessung die erste Tätigkeit, bei der nichts produziert wurde, das man anfassen konnte.

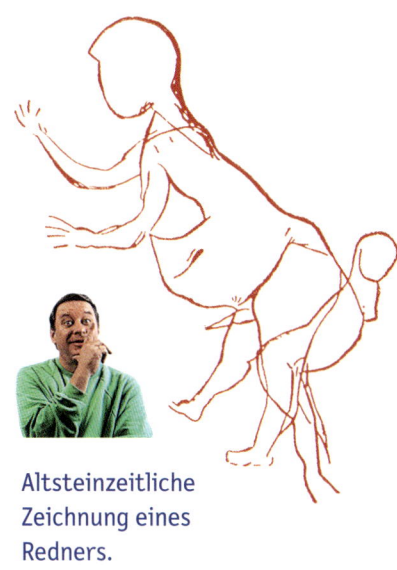

Altsteinzeitliche Zeichnung eines Redners.

Feldvermessung in Ägypten mit Seil, Messlatte und Marksteinen.

25

Um das Land zu vermessen, musste erst noch etwas anderes entdeckt werden: Zahlen und der Umgang mit ihnen – das Rechnen. Und weil das Rechnen ja nicht um des Rechnens willen betrieben wurde, musste auch benannt und aufgeschrieben werden, ob es um die Länge eines Feldes oder die Stückzahl von Rindern ging. Es musste Zeichen geben, die den Zahlen zugesellt wurden. Der erste Buchstabe unseres Alphabets, das A, leitet sich aus dem phönizischen Zeichen Aleph ab, das heißt Stier. Ein System aus solchen Zeichen nennt man Schrift. Auch die wurde in der Steinzeit entdeckt oder besser: erfunden.

Etwas aufschreiben zu können ist nicht nur nützlich, wenn es darum geht festzuhalten, wem was gehört. Auch wenn man Waren tauschen will und Handel treiben, ist es gut, wenn man Menge und Art der Waren aufschreiben kann, ebenso die Bedingungen, zu denen man tauschen will.

Eine wichtige Funktion eines Chefs oder Häuptlings bestand sicher darin, bei Streitfällen und Auseinandersetzungen zu schlichten und als eine Art Richter Entscheidungen zu treffen. Dabei ging es wahrscheinlich nicht immer so zu, wie wir uns heute Rechtsprechung vorstellen. Es wird häufig vorgekommen sein, dass die Familie des Chefs bevorzugt wurde. Jedenfalls begann sich erst allmählich ein System zu entwickeln, bei dem bei ähnlich gelagerten Streitfällen auch ähnliche Urteile herauskamen. Wichtig war vor allem, dass es den Richtern, also den Chefs, vorbehalten war, Strafen auszusprechen und durchzuführen. Es konnte sich also nicht jeder selbst für eine Tat rächen, auch wenn die Rechtsprechung noch sehr rachebetont war. »Auge um Auge, Zahn um Zahn« hieß eine Grundregel, die sich auch in der Bibel findet.

Später wurden Regeln für die Rechtsprechung
aufgestellt, die dann zu Gesetzen wurden.
Aufgeschrieben wurden sie erst ab dem
17. Jahrhundert v. Chr.: Der Codex
Hammurabi in Babylonien war das
erste in Stein gemeißelte Gesetz
der Menschheit, und auch die
Zehn Gebote, die Moses der Bibel
nach vom Berg Sinai mitbrachte,
waren ja eine Sammlung
von Gesetzen.

Auch als die Menschen noch als Jäger und Sammler unterwegs waren, gab es Älteste, Stammesführer, Häuptlinge. Aber für Ackerbauern, Viehzüchter, Sesshafte wurden diese Anführer immer wichtiger. Und weil diese Anführer einer Familie auch Verwandte hatten, deren Mitglieder sie auf die ein oder andere Weise bevorzugen konnten, entstand allmählich eine Oberschicht aus Menschen, die nicht unmittelbar Nahrung, Häuser oder Kleidung produzieren mussten.

Und noch eine Entdeckung trug dazu bei, dass die Tätigkeiten der Menschen unterschiedlicher wurden: die Keramik. Dass Erde hart wird, wenn sie nah am Feuer liegt, wussten die Menschen sicher schon lange. Kleine Figuren von Fruchtbarkeitsgöttinen, die man gefunden hat, könnten so hergestellt worden sein. Aber um Krüge zur Aufbewahrung von Vorräten herzustellen, brauchte man Öfen, in denen der Ton auf fast tausend Grad erhitzt werden konnte und in denen man mehrere Gefäße gleichzeitig brennen konnte.

Wenn man richtig töpfern will, erfordert das viel Wissen und Erfahrung. Deshalb wird es bald auch Leute gegeben haben, die ihre Töpferwaren gegen Lebensmittel getauscht haben, also im Hauptberuf Töpfer wurden.

Immer mehr wurden die Aufgaben innerhalb eines Dorfes verteilt, immer mehr Menschen tauschten mit ihren Mitmenschen Arbeit und Waren: ein Rind für das Bauen eines Hauses, ein Sack Getreide für einen Krug. Nur die Oberschicht beteiligte sich an alledem nicht. Damit sie leben und wirken konnte, mussten die anderen von ihrer Ernte, von ihrem Vieh, von ihren Waren abgeben, also Abgaben leisten, Steuern zahlen. Noch ein neuer Beruf: Steuereintreiber.

Die Arbeit auf dem Feld oder mit dem Vieh war sehr anstrengend, aber auch die Lebensgrundlage des Lebens der Menschen, die beschlossen hatten, keine Jäger und Sammler mehr zu sein. Immer wieder tauchte deshalb die Frage auf: Warum sollten sie für die aufkommen, die nicht arbeiteten? Bei einer Berufsgruppe ist das leicht zu verstehen: Die Menschen dachten, Götter und Geister nähmen Einfluss auf ihr Leben, auf die Ernte, die Gesundheit des Viehs, Geburt und Tod, Krankheiten, die Liebe ... Priester, Schamanen und Geisterbeschwörer konnten behaupten, sie hätten die Möglichkeit, Götter und Geister zu beeinflussen. Und man glaubte ihnen gerne.

Dass Könige und andere Chefs nicht für ihre Nahrung und Behausung sorgen mussten, hatte, was Entdeckungen angeht, einen großen Vorteil: Sie hatten Zeit, nachzudenken und sich mit Dingen zu beschäftigen, die nicht unmittelbar nützlich waren. Sie konnten über den Sinn des Lebens nachdenken, über Gott und die Welt, den Lauf der Sterne, Kunst und Musik ... Oder andere dafür bezahlen, Sternengucker zum Beispiel, die ihnen die Zukunft vorhersagen sollten.

Die Archäologen haben herausgefunden, dass es auch den Beruf des Händlers schon in der Steinzeit gegeben haben muss. Das kann man daran sehen, dass bestimmte Arten von Feuerstein weit weg von den Orten gefunden wurden, an denen sie vorkommen. Richtige Handelsrouten hat es damals schon gegeben. Ocker, eine Erdart, mit der man Farbe herstellen kann, wurde in ganz Europa und Asien gehandelt, Schmuck und Edelsteine und die Spondylusmuschel, die nur in der Adria vorkommt. Die Händler haben sicher nicht nur ihre Waren in der damals bekannten Welt verbreitet, sondern auch Nachrichten, Erfindungen und Moden. So war in ganz Europa die Mode verbreitet, Vasen und andere Tongefäße mit Bänderornamenten zu verzieren.

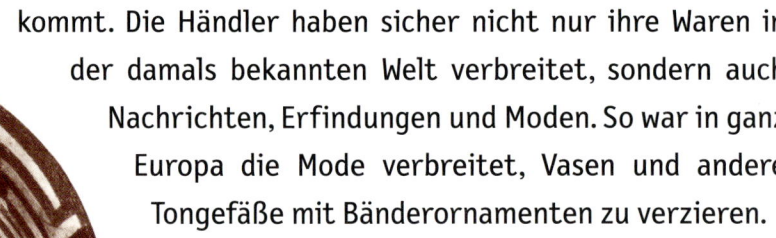

Und noch etwas wurde von den Händlern verbreitet: Gegenstände aus Kupfer und Bronze, die es ohne eine Gesellschaftsordnung mit Unter- und Oberschicht nicht gegeben hätte. Denn um Bergbau zu betreiben, muss es Prospektoren geben, Spezialisten also, die die Vorkommen aufspüren. Es mussten Stollen gebaut werden, Bergleute mussten das Erz aus der Erde holen, Wasser musste aus dem Bergwerk gepumpt werden. Köhler mussten Holzkohle produzieren, um das Metall herauszuschmelzen, Schmiede mussten das Metall bearbeiten und zu Schmuck oder Werkzeugen machen.

Sehr wahrscheinlich war schon lange vorher bekannt, wie man Kupfer gewinnen und bearbeiten kann. Aber erst als die Bauern in der Lage waren, viel mehr als den eigenen Bedarf an Nahrungsmitteln zu liefern, konnten sich genug Menschen mit der Metallproduktion beschäftigen.

Die Herausbildung des Handwerks und der Bewässerungstechnik lässt erste Städte entstehen (Grundriss von einer Stadt um 5500–4000 v. Chr.).

Ackerbau und Viehzucht und damit die sesshafte Lebensweise hatten sich in ganz Europa, im Nahen Osten und bis nach Indien und China verbreitet. Aber nicht alle Menschen lebten so. In der Nähe von Warna an der bulgarischen Schwarzmeerküste haben die Archäologen ein Gräberfeld gefunden mit Gräbern von einfachen Menschen bis hin zu großen Prunkgräbern. Politische und religiöse Führer waren dort zusammen mit ihrem Gefolge und Hofstaat begraben. Dort muss ein Volk gelebt haben, das ein kompliziertes Gemeinwesen war, fast schon ein Staat. Doch die Geschichte dieses Volkes ging nicht weiter, die Spuren reißen ab. Die Geschichtswissenschaftler vermuten, dass Reiterhorden aus dem Norden das Volk überfallen haben und wenig von seiner Kultur übrig ließen.

Die Entdeckungen, die das Leben der Menschen in der Steinzeit verändert haben, prägten das Leben vieler Menschen bis vor noch gar nicht so langer Zeit. Als ich Kind war, kam es noch vor, dass Pflüge von Pferden gezogen wurden. Und immer noch leben in abgelegenen Gegenden der Erde Menschen im Wesentlichen noch so wie ihre Vorfahren in der Steinzeit. Die Entdeckung der sesshaften Lebensweise prägt unser Leben bis heute.

Staaten an Flüssen

Die Menschen, die vor 5000 Jahren an den Flüssen Euphrat und Tigris und am Nil wohnten, waren wohl die ersten in der Geschichte, die nicht ständig ums Überleben kämpfen mussten. Die Flüsse brachten Wasser, mit dem die Felder bewässert werden konnten, und der Nil transportierte mit Überschwemmungen im Frühjahr Schlamm, der für fruchtbare Felder und Gärten sorgte.

Allerdings war die Fläche, auf der angebaut werden konnte, begrenzt. Man musste sich einigen, wer wo wie viel anbaute, wo Vieh stehen durfte, wer wie viel Wasser abbekam. Gemeinsam mussten Kanäle und Bewässerungssysteme gebaut werden. Um das alles zu organisieren, musste ein Staatsapparat entstehen aus Beamten, Schreibern, Priestern. Denn unmöglich konnte ein König oder Pharao allein bestimmen, was alles gemacht werden musste. In Ägypten bildete sich so eine Schicht von Staatsdienern, die von den Bauern ernährt wurde. Aber der Nil sorgte für alle, so gut sogar, dass die Bauern nicht das ganze Jahr zu tun hatten. Es könnte sein – ich sage das so vorsichtig, weil es nur eine Theorie ist –, dass die Bauern sich Gedanken darüber machten, ob denn die Verteilung des Reichtums und der Güter in ihrem Gemeinwesen gerecht ist. Und um die Bauern zu beschäftigen, dachten die Beamten und der Pharao sich etwas aus, das wir heute ein Beschäftigungsprogramm nennen würden: den Bau der Pyramiden.

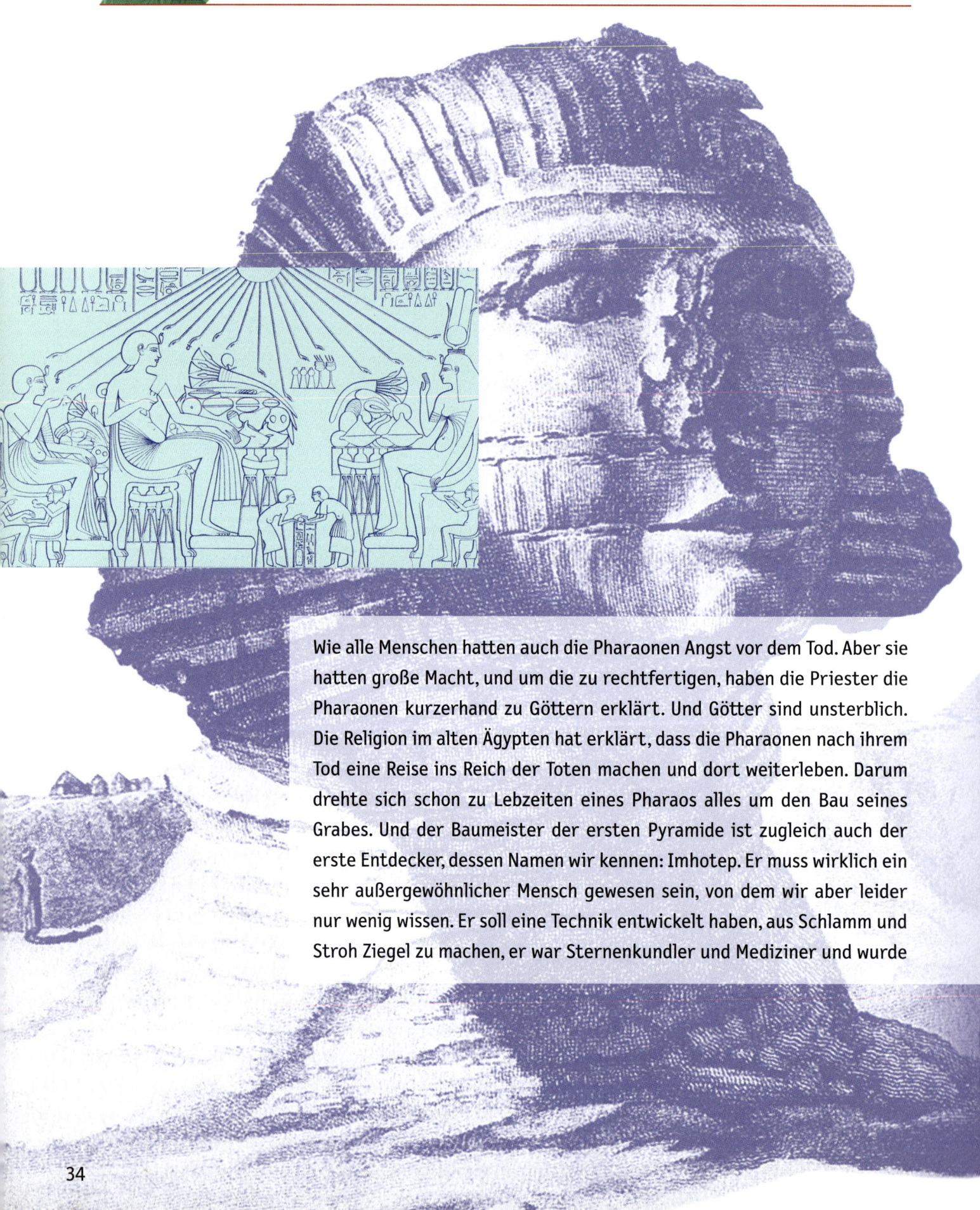

Wie alle Menschen hatten auch die Pharaonen Angst vor dem Tod. Aber sie hatten große Macht, und um die zu rechtfertigen, haben die Priester die Pharaonen kurzerhand zu Göttern erklärt. Und Götter sind unsterblich. Die Religion im alten Ägypten hat erklärt, dass die Pharaonen nach ihrem Tod eine Reise ins Reich der Toten machen und dort weiterleben. Darum drehte sich schon zu Lebzeiten eines Pharaos alles um den Bau seines Grabes. Und der Baumeister der ersten Pyramide ist zugleich auch der erste Entdecker, dessen Namen wir kennen: Imhotep. Er muss wirklich ein sehr außergewöhnlicher Mensch gewesen sein, von dem wir aber leider nur wenig wissen. Er soll eine Technik entwickelt haben, aus Schlamm und Stroh Ziegel zu machen, er war Sternenkundler und Mediziner und wurde

dann der erste Minister und Astrologe seines Pharaos Djoser (2650–2575 v. Chr.). Er war wohl das, was man heute einen »Überflieger« nennt, und er hatte – das ist bekannt – auch viele Feinde in der Priesterschaft seiner Zeit. Seine wichtigste Aufgabe war, seinem Pharao das Grab zu bauen.

Dieses Grab sollte die erste Pyramide werden, eine Stufenpyramide, die heute noch im Gräberfeld von Sakkara zu sehen ist. Aber warum eine Pyramide? Es gibt Wissenschaftler, die sagen, dass die Pyramide die Strahlen der Sonne darstellen soll. Andere glauben, dass kosmische Strahlung durch die Pyramidenform gebündelt wird.

Die bekannte Cheopspyramide ist so gebaut, dass ihre Eingänge auf verschiedene Sterne ausgerichtet sind, auf den Polarstern zum Beispiel. Ihre Seiten sind 365,24 Pyramidenmeter lang, so viele, wie das Jahr Tage hat, wobei ein Pyramidenmeter 0,634 Metern entspricht, was genauso lang ist wie der zehnmillionste Teil des Erdumfangs. Erstaunlich, was die alten Ägypter schon wussten! Und das ist noch nicht alles: Wenn man um die Höhe der Pyramide einen Kreis schlägt, die Höhe also der Radius des Kreises ist, dann ist der Umfang des Kreises genauso lang, wie der Umfang der Pyramide, der sich ergibt, wenn man die Seitenlinien addiert. Und wenn man den Umfang der Pyramide durch die doppelte Höhe teilt, kommt 3,14 heraus: die Kreiszahl Pi! π

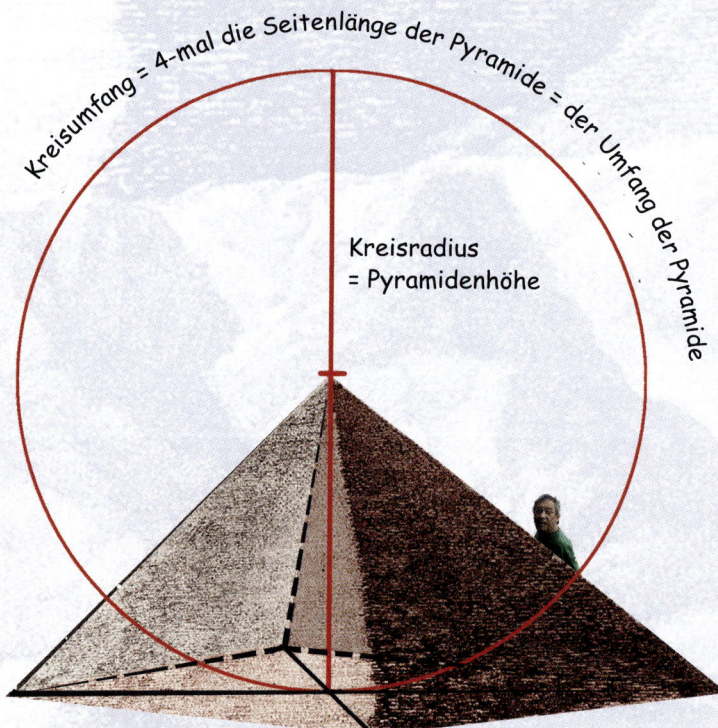

Kreisumfang = 4-mal die Seitenlänge der Pyramide = der Umfang der Pyramide

Kreisradius = Pyramidenhöhe

Entweder müssen die Ägypter viel über Mathematik und Sternenkunde gewusst haben, oder das ist alles nur Zufall.

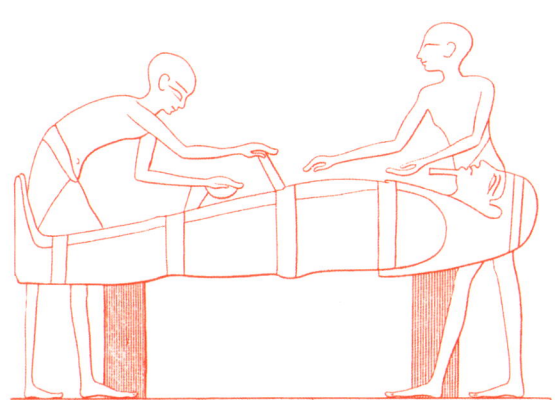

Fast alles, was wir von ihnen wissen, wissen wir jedenfalls wegen ihres Totenkultes. Weil sie sich das Leben nach dem Tod ähnlich vorgestellt haben wie das Leben davor, haben sie ihrem Pharao Schmuck und Gewänder mitgegeben, Lebensmittel (echte und in die Wand gemeißelte), Geschichten aus seinem Leben und auch Gold, damit er sich in der Totenwelt ein gutes Leben leisten konnte. Damit die Seele des Toten in den Körper zurückkommen kann, durfte der natürlich nicht verwesen. Deswegen wurden der Leiche die Eingeweide entnommen und der Körper mit in geheimnisvolle Flüssigkeiten getauchten Binden eingewickelt. Diese Mumien wurden dann in prunkvoll verzierte Särge gelegt, auf denen das Gesicht des Pharaos dargestellt war.

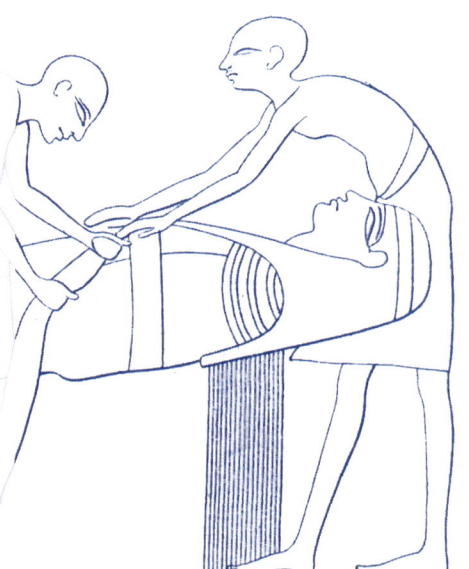

Der Totenkult war etwas sehr Kompliziertes und Geheimnisvolles, und die Priester haben es verstanden, nicht nur ihr Wissen geheimzuhalten, sondern auch mit ihrem Geheimwissen anzugeben. Noch in der Neuzeit suchten Alchimisten und Mystiker nach dem »Wissen der Alten«. So hatten die Priester behauptet, Gold machen zu können.

Die Bewunderung ihres Wissens scheint aber nicht ganz unbegründet zu sein. Imhotep muss wirklich viel medizinisches Wissen gehabt haben, denn schon hundert Jahre nach seinem Tod ist von ihm als Halbgott der Medizin die Rede und noch zweitausend Jahre nach seinem Tod wird er bei den Griechen und Römern als Gott der Ärzte verehrt.

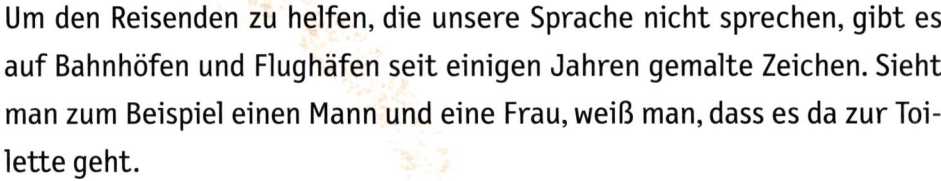

Zeichen, Buchstaben und Schrift

Um den Reisenden zu helfen, die unsere Sprache nicht sprechen, gibt es auf Bahnhöfen und Flughäfen seit einigen Jahren gemalte Zeichen. Sieht man zum Beispiel einen Mann und eine Frau, weiß man, dass es da zur Toilette geht.

Solche Zeichen sind uralt. Die frühen Menschen werden Wasserstellen mit einem Zeichen markiert haben oder den Weg zu ihren Höhlen. Die Aborigines in Australien malen als Zeichen für eine Wasserstelle einen Punkt und einen Kreis darum, weil Wasser meist in einem Wasserloch zu finden war. Im alten Ägypten war das Zeichen für Wasser eine Welle.

Ob die berühmten Höhlenzeichnungen, die man an vielen Orten auf der Welt gefunden hat, eher ein Wandschmuck waren oder eine kultische Bedeutung hatten, etwa um die Geister der erlegten Tiere zu bannen, wissen wir nicht. Vielleicht sollten sie auf die Tiere hinweisen, die in der Nähe zu finden waren, oder es waren Bilder zu Geschichten, die man sich in den Höhlen erzählte.

Das waren aber nur Zeichen. Von einer Schrift spricht man erst, wenn mehrere Zeichen zusammen einen Text oder eine Botschaft ergeben. Die erste Schrift ist wahrscheinlich dort entstanden, wo heute die Perser wohnen. In der Nähe der Stadt Jiroft hat man Schrifttafeln gefunden, die aus der Zeit des Königreichs Aratta stammen, über 6000 Jahre alt. Bisher konnte diese wahrscheinlich erste Schrift noch nicht entziffert werden, sodass wir nicht wissen, was damals aufgeschrieben und festgehalten wurde. Dass es das Königreich Aratta gab, wussten die Archäologen von Tontafeln, die sie aus der Zeit der Sumerer gefunden hatten, die 3200 Jahre vor Christi Geburt dort gelebt haben, wo heute der Irak ist. Einige dieser Tontafeln aus der Zeit der Sumerer hat man mühevoll entziffern können. Daraus, dass einige Zeichen immer wieder vorkamen, konnte man schließen, dass es sich um Listen handeln musste. Zum Beispiel war auf einer Tontafel aufgelistet, welche Lebensmittel an einen Tempel in der Stadt Uruk geliefert wurden. In weichen Ton wurden mit Schilfgriffeln Zeichen gedrückt, Zahlen und auch Bezeichnungen

Die Entdeckung der Schrift ist besonders für die Geschichtswissenschaftler wichtig. Von den Völkern, die keine Schrift hatten oder deren Schrift wir heute nicht mehr lesen können, wissen wir viel weniger als von denen, die eine Schrift hatten, die wir heute lesen können. Von den alten Ägyptern wissen wir auch deshalb so viel, weil im Mittelpunkt ihrer Religion das Leben nach dem Tod stand und die Toten mit allem ausgestattet wurden, was sie nach dem Glauben auf ihrer Reise nach dem Sterben brauchten, also auch Wissen, Texte, Geschichten.

für Schafe, Krüge, Getreide. Das Praktische daran war, dass die Sumerer so auch mit anderen Völkern Handel treiben konnten, die eine ganz andere Sprache sprachen. Man musste sich nur darauf einigen, dass zum Beispiel drei Striche und drei Ovale drei Eier bedeuteten.

Um die Zeichen schneller schreiben und eindeutiger lesen zu können, hat man bald nur noch Striche in den Ton gedrückt. Weil diese Abdrücke wie Keile aussehen, nennt man diese frühe Schrift auch Keilschrift. Da konnte man die ursprüngliche Figur gar nicht mehr erkennen.

Entwicklung des Zeichens für König.

Wasser	〜〜〜
großes Tor	⬡
Auge	👁
Kuh	🐂
Fisch	🐟
Lotusblume	⚘
Horizont	⬭
Haus	⬛

Die Ägypter haben bei ihrer Schrift, den sogenannten Hieroglyphen, auch sehr lange kleine Zeichnungen verwendet, um so Wort an Wort zu reihen. Das sah sehr viel schöner aus als die Keilschrift und war auch viel kunstvoller. Wer einmal in einer Zeitschrift ein Bilderrätsel gelöst hat, kann sich vorstellen, wie das funktioniert hat.

Hieroglyphen					Hiero-glyphische Buchschrift	Hieratisch			Demotisch
2900–2800 v. Chr.	2700–2600 v. Chr.	2000–1800 v. Chr.	um 1500 v. Chr.	500–100 v. Chr.	um 1500 v. Chr.	um 1900 v. Chr.	um 1300 v. Chr.	um 200 v. Chr.	400–100 v. Chr.

Die Ägypter haben ihre Schriftzeichen im Laufe der Zeit und je nach ihrer Verwendung verändert.

Allerdings kann man mit Zeichnungen nicht alles ausdrücken, was man sagen will. So konnte das Zeichen für einen Baum einen Baum bedeuten, aber auch Wachstum oder den Stammbaum der Königsfamilie. Bald wurden die Symbole auch benutzt, um Silben darzustellen; dann wäre das Zeichen für Baum für viele Wörter verwendbar, die mit »Bau...« anfangen. Das war natürlich alles nicht sehr eindeutig, und auch für den Leser in der damaligen Zeit war es sicher schwierig, einen Hieroglyphentext zu lesen. Eigentlich musste man schon vorher halbwegs wissen, worum es in dem Text ging. Nur wenige konnten Hieroglyphen (von griechisch »hieros« = heilig und »glyphein« = einmeißeln) schreiben und lesen. Durch ihr

Wissen hatten die Schreiber große Macht, auch weil die Schrift als etwas Heiliges, als Geschenk der Götter galt. Für den täglichen Gebrauch wurde zwar eine Schrift entwickelt, die man richtig als Schreibschrift bezeichnen konnte, aber auch die setzte viel Wissen voraus. Je länger die Schrift im Gebrauch war, desto mehr entdeckten die Menschen, was man alles damit anfangen kann. Diente die Schrift ursprünglich nur als Gedächtnisstütze, so fing man nun an, Briefe zu schreiben, Geschichten zu erzählen, Gebete, Liedertexte und Gedichte festzuhalten.

So entstanden lange Texte, wie zum Beispiel das Gilgamesch-Epos, eine Geschichte von den Erlebnissen und Reisen eines Königs, der nicht sterben wollte, oder das ägyptische Totenbuch, bei dem es um das ging, was nach dem Glauben der Ägypter nach dem Sterben passiert.

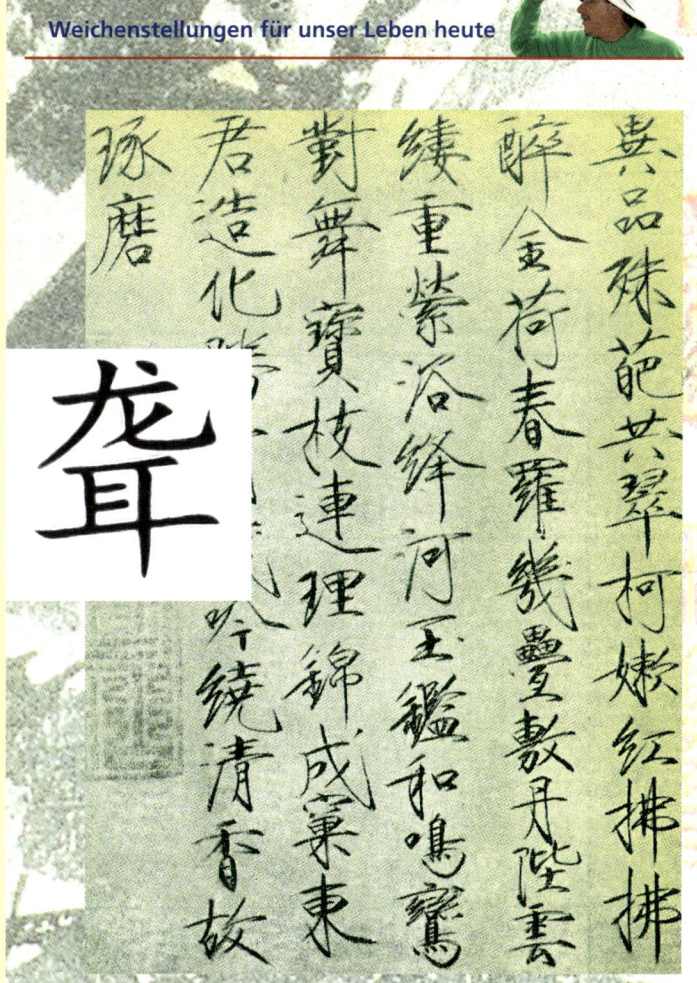

Die Schrift der Chinesen ist die älteste, die heute noch geschrieben wird. Ihre Schriftzeichen sind stark vereinfache Zeichnungen, Piktogramme, so wie die Zeichen auf Bahnhöfen und Flughäfen. Davon gibt es 40 000 verschiedene, allerdings reichen 10 000, um das Allermeiste auszudrücken.

2000 Zeichen muss man beherrschen, um nicht als Analphabet zu gelten. Viele Zeichen werden kombiniert: Steht nach dem *Zeichen für Ohr* beispielsweise das *Zeichen für Drachen*, so bedeutet das: *taub*!

Weil in China ganz verschiedene Sprachen gesprochen werden, ist diese Bilderschrift sehr nützlich. Ein Nordchinese kann zwar mit einem Südchinesen nicht telefonieren; sie würden sich nicht verstehen. Aber ein Brief, eine Zeitung oder ein Buch wird in ganz China verstanden.

Die Phönizier, ein Volk, das mit seinen Schiffen das ganze Mittelmeer befuhr und Handel trieb, entwickelten dann eine Schrift, die für jeden Laut einen Buchstaben kannte. Allerdings wurden nur die Konsonanten geschrieben, wie das heute noch in der arabischen Schrift und im Hebräischen gebräuchlich ist. Buchstaben für die Vokale A, E, I, O und U haben erst die Griechen in ihr Alphabet aufgenommen. Aus dem griechischen Alphabet hat sich dann die Schrift der Römer entwickelt, die ungefähr so aussieht wie das, was ihr gerade lest.

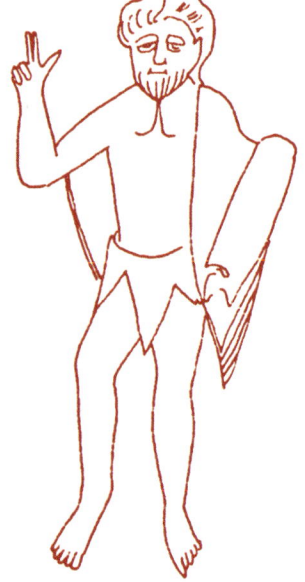

Zählen, Zahlen, Rechnen

Die Anfänge des Zählens sind uns vertraut. Bis zur Zehn kann man mit den Fingern zählen. Danach vielleicht noch einmal bis zwanzig, indem man sich merkt, dass man schon einmal alle Finger benutzt hat – oder indem man die Fußzehen zu Hilfe nimmt. Danach wird es schwieriger. Man hat kleine Tonkugeln gefunden, mit denen sich die Menschen früher gemerkt haben, wie oft sie die zehn Finger abgezählt haben.

Eine Methode, sich eine Menge zu merken, ging so: Man nahm, wenn man sich zum Beispiel merken wollte, wie viele Schafe eine Herde hat, so viele Steine wie Schafe da waren. Die Steine wurden in ein Tongefäß gelegt, das verschlossen wurde. Oft machte man auf den Tonpfropfen noch ein Zeichen. Wenn dann zum Beispiel der Hirte die Herde am Ende des Sommers zurückbrachte, wurde das Gefäß zerschlagen und die Anzahl der Steine wieder mit der Anzahl der Schafe verglichen, etwa indem man die durch ein enges Tor schleuste.

Auch Kerbhölzer wurden gefunden. Für jedes Schaf, jeden Apfel, jeden Sack Getreide oder was immer auch zu zählen war, gab es darauf einen Strich beziehungsweise eine Kerbe. Bald kam die Idee auf, Gruppen zu bilden, damit man die Kerben besser zählen konnte. Noch heute werden in Wirtshäusern auf den Bierdeckeln Fünfergruppen gebildet – fünf wohl deshalb, weil die Hand fünf Finger hat. Auch Zehnergruppen waren beliebt und haben sich in unserem Zehner- oder Dezimalsystem erhalten.

Aber Striche sind noch keine Zahlen, die mussten erst noch erfunden werden. Nicht von ungefähr sieht eine Eins aus wie ein Strich. Bei den Babyloniern gab es ein Zeichen für die Eins, eine Neun waren also neun Einsen, dann gab es ein Zeichen für zehn und eins für sechzig (daher die sechzig Sekunden für eine Minute und sechzig Minuten für eine Stunde) und eins für sechshundert.

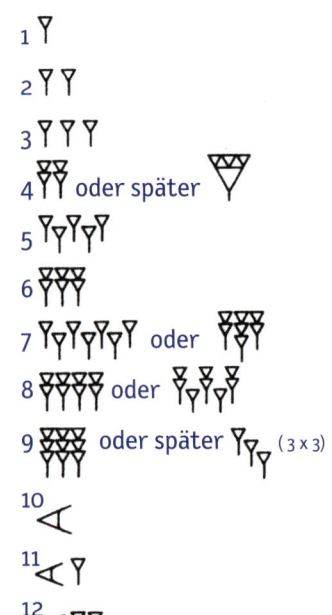

Erst die Griechen benutzten für jede Zahl ein eigenes Zeichen, dazu nahmen sie die ersten Buchstaben ihres Alphabets. Die Zahlen, die wir heute benutzen, stammen aus Indien. Es waren die Zahlen für eins bis neun, und dann gab es noch ein Zeichen für die Zehn.

Die Null wurde erst viel später entdeckt. Zwar kann man auch ohne Null rechnen, und die Menschen habe das Jahrtausende lang getan, aber erst mit der Null konnte es mit dem Rechnen wirklich losgehen.

Wie soll man sie auch entdecken – die Null?

Als ich angefangen habe, dieses Buch zu schreiben, habe ich Freunde und Bekannte gefragt, was ihrer Meinung nach eine Entdeckung ist, die ich auf keinen Fall unerwähnt lassen darf. Und einige sagten: Die Null. Weil es erst mit der Null möglich wurde, richtig zu rechnen.

Der berühmte deutsche Mathematiker Leibniz (1646–1716) hat sich gefragt, warum der von ihm bewunderte Archimedes nicht auf die Null gekommen ist. Dabei kannte Archimedes wahrscheinlich etwas, das der Null sehr nahe kam. Die Griechen schrieben Buchstaben, um Zahlen aufzuschreiben, nämlich jeweils den Anfangsbuchstaben des Zahlwortes. Würden wir das machen, würden wir nicht 1, 2, 3 zählen, sondern e, z, d. Nicht sehr praktisch. Beim Schreiben größerer Zahlen kannten sie einen Trick, den die Babylonier verwendeten. Bei ihnen bezeichneten zwei schräg stehende Keile eine Stelle, die leer war. So konnten sie Zahlen wie 104 schreiben. Die Griechen schrieben den Buchstaben Omikron als Platzhalter.

Bei den alten Griechen war Rechnen weniger eine Sache der Philosophen; die beschäftigten sich lieber mit Geometrie. Das Rechnen überließ man den Kaufleuten. Die rechneten nicht mit geschriebenen Zahlen, sondern entweder mit Rechensteinen oder mit dem Abakus, einem Rechenbrett.

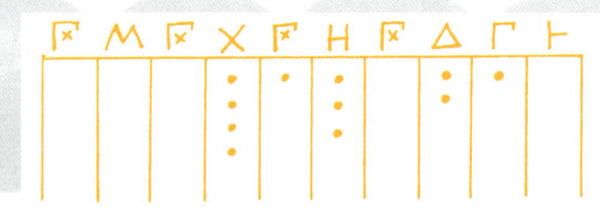

Vier Rechensteine in der ✕ -Spalte (= 1000): 4000

Ein Rechenstein in der Ⲫ -Spalte (= 500): 500

Drei Rechensteine in der H -Spalte (=100): 300

Zwei Rechensteine in der △ -Spalte (=10): 20

Ein Rechenstein in der Γ -Spalte (=5): 5

Ergebnis: 4825

Da gab es eigene Plätze für Einer, Zehner, Hunderter usw. Mit solchen Rechengeräten wird in Asien heute noch gerechnet, zum Teil mit ziemlicher Geschwindigkeit. Und für den Alltagsgebrauch geht das auch gut.

Wenn man aber über Zahlen nachdenkt, dann braucht man die Null nicht nur als Bezeichnung für eine leere Stelle, sondern auch als eigenständige Zahl zwischen minus 1 und plus 1. Indische Mathematiker gelten als die Entdecker der Null. Sie waren es auch, die Fragen zu beantworten versuchten wie: »Wie viel ist null durch null?«

Allerdings gab es auch offensichtlich Verbindungen von Griechenland nach Indien. Denn als Alexander der Grosse mit seinen Truppen nach Indien kam, konnte er feststellen, dass viele Begriffe in Mathematik und Astronomie sehr ähnlich klangen wie die griechischen. Vielleicht musste ja ein griechischer Gelehrter einst fliehen und ist in Indien gelandet.

Viele der Entdeckungen in den folgenden Jahrhunderten hätten nicht gemacht werden können, wäre die Null nicht eingeführt worden. Heute ist die Welt ohne die Null nicht vorstellbar. Denn Computer, Handys, Fernseher, alles was digital ist, funktioniert nur mit den Zahlen Eins und Null. Eins bedeutet, es fließt Strom, Null steht für keinen Strom. Wie gut, dass die Menschen gelernt haben, mit der Null zu rechnen.

Die Griechen – Olympiade der Neugier und Erkenntnis

Was an Euphrat und Tigris endeckt wurde, war bald auch am Nil bekannt – und umgekehrt natürlich. Man hörte und wusste voneinander, aber jeder blieb an seinem Fluss und bearbeitete seinen Acker. Bei den Menschen, die auf den verstreuten Inseln und Küsten des östlichen Mittelmeers lebten, war das anders. Sie waren nicht nur Bauern oder Hirten, sondern auch Fischer. So landeten sie auf den Nachbarinseln und auch an fremden Küsten und bekamen Kontakt zu allen Völkern, die rund ums Mittelmeer lebten.

Wenn die Menschen der damaligen Welt etwas nicht wussten, zum Beispiel wie ein Regenbogen entsteht oder woher die Blitze kommen, haben sie das ihren Göttern zugeschrieben. Da gab es Geschichten, welcher Gott wen geschaffen hat, richtige Familienstammbäume der Götter, Gebets- und Opferriten, Vorschriften und Tabus – eben alles was zu einer Religion damals dazugehörte. Das war bei jedem Volk anders, aber eine Gemeinsamkeit gab es: Jeder meinte, das Richtige zu glauben und als Religion zu praktizieren.

Die einen beteten die Sonne an, indem sie sich nach Osten neigten, weil sie da aufgeht, die anderen nach Westen, um sie zu bitten, nach dem Sonnenuntergang wiederzukommen.

Die Inselbewohner, die später zum Volk der Griechen zusammenwachsen sollten, hatten auch ihre Götter, die sie anbeteten, weil sie Hilfe oder Schutz brauchten. Die Seefahrer beteten zum Meeresgott, die Bauern zur Fruchtbarkeitsgöttin, die Frauen zur Göttin der Schönheit und die Kaufleute zum Handelsgott. Aber weil sie die Religionen der anderen Völker kannten, kamen ihnen Zweifel, ob sie auch zum richtigen Gott beteten. Oder ihm die falschen Opfer brachten und an den falschen Tagen Feste feierten. Und sie begannen zu ahnen, dass es vielleicht keine allein seligmachende Religion gibt, keine Wahrheit über die Götter und die Schöpfung, die für sich in Anspruch nehmen kann, die allein richtige zu sein. Könnte es auch andere Antworten auf die Fragen nach den Sternen, der Entstehung der Welt, den Zusammenhängen in der Natur geben?

Einer der alten Griechen, Aristoteles, schreibt: »Staunen veranlasste zuerst wie noch heute die Menschen zum Philosophieren. Wer aber fragt und staunt, hat das Gefühl der Unsicherheit. Um also der Unsicherheit zu entkommen, begannen sie zu philosophieren.«

Das bedeutete, sie saßen oder standen zusammen und diskutierten und überlegten, versuchten Erklärungen zu finden, für die man keine überidischen Mächte heranziehen musste. Manches, was dabei herauskam, war ziemlich unsinnig. So hat einer steif und fest behauptet, der Mensch stamme vom Hai ab. Aber vieles, was die alten Griechen sich überlegt haben, war auch richtig und weitsichtig. So haben sie sich überlegt, das alles – sei es flüssig, fest oder gasförmig – ein Körper ist.

Körper heisst auf Griechisch »physis«, daher das Wort Physik. Und Demokrit, einer der alten Griechen, hat sogar gesagt, dass alles aus kleinsten Teilchen zusammengesetzt ist, die man nicht teilen kann. Unteilbar heißt auf Griechisch »atomos«. Von Atomphysik sprach man erst im 20. Jahrhundert wieder, über zweitausend Jahre später, als es dann doch gelang, Atome zu spalten.

Die griechischen Inseln sind klein, Griechenland ist bergig und bietet nur begrenzt Ackerland. Deshalb haben sich junge Männer zusammengetan, Schiffe gebaut, mit Vieh, Pflügen, Saatgut und Werkzeug beladen und haben sich auf den Weg gemacht, um eine sogenannte Kolonie zu gründen. Überall im Mittelmeer schaute man sich nach geeigneten Orten um, wo das Land fruchtbar war und man Siedlungen errichten konnte. Selten mehr als zweihundert Männer ruderten ein Schiff. Nach der Landung wurden Landvermesser losgeschickt, jeder Siedler bekam ein Stück Land zum Beackern oder für sein Vieh und ein Grundstück für ein Haus in der Stadt. Zwar gab es auch in den Kolonien Adlige, die das Sagen hatten, und Priester. Aber es herrschte auch Pioniergeist, offen gegenüber neuem Wissen und Erfahrungen. Die, die sich auf so ein Abenteuer einließen, waren schließlich die Wagemutigsten und Unternehmungslustigsten in ihrer Heimat gewesen.

logos
Wort
Vernunft
Geist

Die Gründung einer Kolonie ging nicht ohne Streit mit den ursprünglichen Bewohnern ab.

Die Griechen waren gute Kämpfer und hatten vor allem ein starkes Zusammengehörigkeitsgefühl. »Sie erschlugen die Eltern und nahmen deren Töchter zum Weibe«, schreibt der griechische Geschichtsschreiber Herodot über die Vorgehensweise der Kolonisten. Es waren auch kriegerische Zeiten, ständig gab es Streit mit den Nachbarvölkern, und auch die Griechen selbst haben gegeneinander gekämpft.

Doch es gab auch friedliche Zeiten, und die griechischen Kolonien blühten, die Landwirtschaft machte alle satt, die Handwerker stellten bessere Waren als im Mutterland her, und so kam es bald zu einem regen Handel der Kolonien untereinander und mit dem griechischen Mutterland. Eine Entdeckung war dabei ungemein hilfreich: Die ersten Münzen wurden geprägt. Und noch etwas stand hoch im Kurs: dass, was die Griechen »logos« nannten. Das kann »Wort« bedeuten, aber auch »Vernunft« oder »Geist«. Das Wort »logisch« kommt daher. Bei den Griechen, vor allem denen in den Kolonien, konnte sich der hervortun, der besonders klug und gewitzt argumentierte, der auf die ausgefallensten Fragen – auch im Fragestellen und Infragestellen waren die Griechen Meister – möglichst spät passen musste. Es gab sogar einen Wettbewerb, wer der weiseste Mann sei, und wir wissen, wer ihn gewonnen hat: Thales von Milet. Auch Milet war eine griechische Kolonie, deren Überreste gerade an der türkischen Westküste ausgegraben werden. Wenn man eine Liste der Griechen aufstellt, die als berühmte Denker und Mathematiker in die Geschichte eingegangen sind, und auf einer Karte ihre Wohnorte einzeichnet, stellt man fest, dass fast alle in den Kolonien gelebt haben.

**Ein paar von ihnen
möchte ich
einmal vorstellen:**

Thales von Milet (ca. 600 v. Chr.) beschäftigte sich mit Geometrie, besonders mit Dreiecken, dazu mit Astronomie, und er sagte mit Hilfe von Tabellen, die er aus Babylonien hatte, eine Sonnenfinsternis voraus. Er baute Schattenmesser und Sonnenuhren und behauptete, alle Dinge seien aus Wasser entstanden. Das stimmte zwar nicht, klang aber schon ganz anders als die wild ersponnenen Schöpfungsgeschichten, die damals sonst geglaubt wuden.

Thales ist viel gereist. Die Sternenkunde hat er bei den babylonischen Nachbarn erlernt, und auch in Ägypten ist er gewesen. Dort beobachtete er, wie sich der Schatten eines Stabes, den er in die Erde steckte, veränderte. Als der Schatten des Stabes genauso lang war wie der Stab, maß er den Schatten der Pyramiden, und weil es bei denen genauso sein musste wie bei dem Stab, brauchte er nur den Pyramidenschatten zu messen, dann wusste er, wie hoch sie waren.

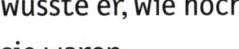

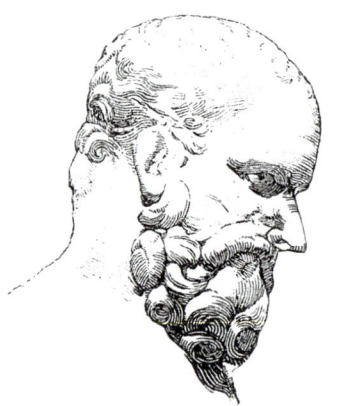

Anaximenes (585–526 v. Chr.) sagte, dass alles aus Luft bestehe, die mal mehr mal weniger verdickt daherkomme. Er erkannte, dass der Mond von der Sonne angestrahlt wird, erklärte, dass die Erde eine Scheibe sei, und machte sich Gedanken über die Entstehung des Regenbogens.

Pythagoras (570–500 v. Chr.) ist heute noch bekannt durch den nach ihm benannten »Satz des Pythagoras«, der besagt, dass das Quadrat über der längsten Seite eines rechtwinkligen Dreiecks so groß ist wie die Quadrate über den beiden anderen Seiten zusammen. Das wussten allerdings die Babylonier schon fast 1000 Jahre vor ihm. Dennoch war Pythagoras ein bedeutender Mann. Er soll erkannt haben, dass die Erde eine Kugel ist. Er schloss das daraus, dass man von einem herankommenden Schiff zuerst die Mastspitze sieht und erst wenn das Schiff näher gekommen ist, den Rest. Außerdem war der Schatten der Erde bei einer Mondfinsternis immer kreisförmig. Pythagoras vermutete, dass um die Erde herum Kugelschalen seien, auf denen die Sterne und Planeten angebracht sind.

Pythagoras war auch Musikliebhaber. Er stellte fest, dass die Tonhöhen einer Harfensaite mathematischen Gesetzen folgen. Diese Erkenntnis übertrug er auf das gesamte Weltall und verkündete: »Die Welt ist Zahl.«

$$c^2 = a^2 + b^2$$

Xenophanes (ca. 570–478 v. Chr.) hat als Dichter Spottverse über die griechischen Götter geschrieben, aber auch das Lotterleben seiner Mitmenschen aufs Korn genommen.

Kein Wunder, dass er in seinem Leben mehrfach von einer Kolonie in die andere fliehen musste. Auf seinen Wanderungen entdeckte er versteinerte Muscheln und Seeigel in den Bergen, woraus er schloss, dass die Erde einmal ganz von Wasser bedeckt gewesen sein musste.

Hekataios (ca. 560–485 v. Chr.) war einer der ersten Forschungsreisenden, von denen wir wissen. Er reiste rund ums Mittelmeer und nach Europa und unternahm Reisen, um Teile Asiens und Afrikas kennenzulernen. Die Karte der damals bekannten Welt, die nach seinen Angaben gezeichnet wurde, ist erstaunlich wirklichkeitsnah.

Weltkarte des Hekataios, um 500 v. Chr.

Parmenides (515–445 v. Chr.) war der Meinung, dass alles, wie auch immer es aussieht und welche Eigenschaften es hat, Teil eines Seins ist. Und dass es keine Bewegung gibt, sondern alle Bewegung nur eine Sinnestäuschung ist, weil das Sein weder in der Vergangenheit noch in der Zukunft ist, sondern nur im Jetzt. Zusammen mit seinem Schüler Zenon hat er sich ein Rätsel ausgedacht, ein sogenanntes Paradoxon: Achilles, der schnelle Läufer, kann eine langsame Schildkröte nie überholen, weil die ja in der Zeit, in der er gelaufen ist, immer schon wieder eine kleine Wegstrecke zurückgelegt hat. Erst mit der Erfindung der Infinitesimalrechnung durch Leibniz und Newton über zweitausend Jahre später konnte man dieses Paradoxon berechnen.

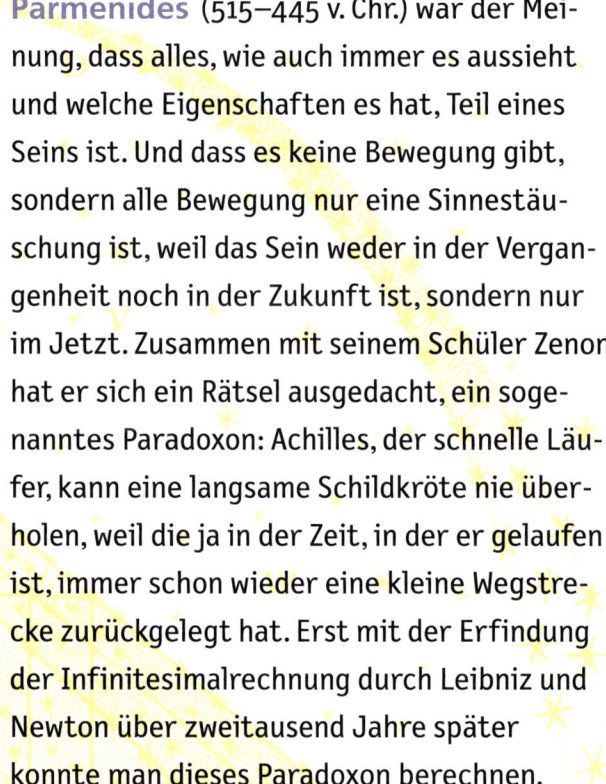

Demokrit (460–370 v. Chr.) behauptete, dass es neben dem Sein auch die Leere gibt, in der sich Teilchen bewegen, die winzig klein sind und unteilbar (atomos). Aus diesen kleinsten Teilchen soll sich alles zusammensetzen, und sie sind immer in Bewegung.

Alkmaion (ca. 500 v. Chr.) war Arzt und sezierte Tierkörper und später auch menschliche Leichen, um zu sehen, wie ein Lebewesen funktioniert. Er fand heraus, dass im Gehirn das Denken stattfindet, beschrieb viele Organe und lehrte, dass Gesundheit im Gleichgewicht zwischen Gegensätzen wie feucht und trocken, warm und kalt oder süß und bitter zu finden sei.

Hippokrates von Kos (460–370 v. Chr.) gilt auch heute noch als »Vater der Heilkunde«. Er hat schon als Kind seinen Vater begleitet, der ebenfalls Heilkundiger war. Hippokrates wurde ein sehr berühmter Arzt, der vielen Menschen geholfen hat. Vor ihm galten Krankheiten als Schicksal, als Ausdruck göttlichen Unwillens, die man mit allerlei Heilkräutern, aber eben auch mit Beschwörungen und Zaubersprüchen zu heilen versuchte.

Hippokrates untersuchte die Kranken gründlich und versuchte fast wissenschaftlich, die Ursachen für Krankheiten zu finden. Er untersuchte die Lebensweise und die Ernährung, das Klima, die Wohnung des Kranken. Er versuchte, sich ein Bild von dem Patienten und seiner Umgebung zu machen, vom ganzen Menschen. Er suchte die natürlichen Ursachen von Krankheiten und wollte sie mit natürlichen Mitteln behandeln.

55

Theophrast (372–287 v. Chr.) war der erste berühmte Botaniker. Seine zwei Bücher Historia plantarum (Geschichte der Pflanzen) und De causis plantarum (Über die Ursachen der Pflanzen) waren mehr als tausend Jahre Standardwerke der Pflanzenkundler. In ihnen war alles zu finden, was man über den Aufbau der Pflanzen, ihre Krankheiten, Veredelung, Nutzung und medizinische Anwendung wusste.

Aristarch von Samos (310–230 v. Chr.) konnte die damals vorherrschende Meinung, dass die Erde im Mittelpunkt der Planetenbewegungen stehe, nicht teilen. Denn mit diesem Modell ließen sich die Planetenbewegungen nicht berechnen. Warum sollten sich einzelne Planeten hin und her bewegen? Er erkannte, dass die Erde sich um die eigene Achse dreht, während die Sonne stillsteht. Zwar war seine Meinung, dass die Sonne im Mittelpunkt steht gut begründet und durch Beobachtungen untermauert, sie konnte sich aber nicht durchsetzen.

Ptolomäus (90–168 nach Christus) kannte zwar die Argumente von Aristarch, entschied sich aber doch für ein Weltbild mit der Erde im Mittelpunkt, unter anderem deshalb, weil Aristoteles das gesagt hatte, und das Wort von Aristoteles hatte in der Antike großes Gewicht.

Archimedes (290–212 v. Chr.) war so etwas wie der Daniel Düsentrieb unter den Griechen. Berühmt ist die Geschichte, wie er nackt durch die Straßen der Stadt Syrakus lief und immer wieder »Heureka!« rief–»Ich hab's gefunden!« Da war er schon als Tüftler berühmt, und deswegen hatte ihn König Hieron mit einer fast unmöglichen Aufgabe betraut.

Der König hatte sich nämlich eine neue Krone anfertigen lassen und verdächtigte den Goldschmied, einen Teil des Goldes abgezweigt zu haben. Archimedes sollte ihm das nachweisen. Aber wie machte man das: einem Goldschmied nachweisen, dass er einen Teil Gold durch Silber ersetzt hatte?

Tagelang grübelte Archimedes. Um sich zu entspannen, ließ er sich ein Bad einlaufen, und als er in die Wanne stieg, machte er die entscheidende Beobachtung: Der Wasserspiegel steigt an, wenn man sich in die Badewanne setzt. Und wenn man die Wanne randvoll füllt, kann man messen, wie viel Wasser der Körper verdrängt.

Diese Menge Wasser kann man wiegen und mit dem Gewicht des Körpers vergleichen, der das Wasser verdrängt hat. Das ist bei jedem Körper anders. Holz wiegt weniger als Eisen, Silber weniger als Gold–jedes Material hat sein spezifisches

Gewicht. Und so konnte Archimedes feststellen, ob die Krone von König Hieron wirklich das spezifische Gewicht von Gold hatte. Sie hatte es nicht, und der Goldschmied wurde bestraft.

Über das Ende des Archimedes gibt es auch eine Geschichte: Syrakus, die größte griechische Kolonie auf Sizilien, wurde von der römischen Flotte belagert, und es wird erzählt, dass Archimedes Brennspiegel gebaut habe, mit denen er die Segel der römischen Schiffe in Brand setzte. Als dann die Römer doch die Stadt eroberten, soll er Kreise in den Sand gemalt haben, weil er gerade über ein mathematisches Problem nachdachte. Dem römischen Soldaten, der ihn so antraf, soll er gesagt haben: »Stör meine Kreise nicht!« Der ist der Bitte aber nicht nachgekommen und hat Archimedes erschlagen.

Ob die Geschichten über Archimedes stimmen oder nur Legenden sind, kann ich nicht sagen. Sicher ist, dass er nicht nur die Hebelgesetze entdeckt, sondern auf ihrer Grundlage auch viele Apparate, Flaschenzüge und Kriegsmaschinen ersonnen hat.

Für ihn selbst war das wahrscheinlich alles nicht so wichtig, aber bei dem, was ihn wirklich beschäftigte, konnten ihm die meisten seiner Mitmenschen nicht folgen. Da war zum Beispiel die Frage, wie sich die Fläche eines Kreises berechnen lässt: Mit Quadraten, Rechtecken und Dreiecken kannte Archimedes sich bestens aus. Daraus kann man die Berechnung von Fünfecken, Achtecken und so weiter ableiten. Indem er Flächen mit immer mehr Ecken ausrechnete, die sich immer mehr der Kreisform näherten, aber nie ganz, hat Archimedes die Zahl Pi entdeckt: die Zahl, mit deren Hilfe sich Kreise, Kugeln, Zylinder berechnen lassen. Ich würde die Zahl hier gerne aufschreiben, sie beginnt 3,1415926…, geht dann aber unendlich weiter. Supercomputer haben nach dem Komma schon über zwei Milliarden Stellen ausgerechnet, aber die Mathematiker wissen: Es gibt noch unendlich viele mehr. Pi ist eine unendliche Zahl.

Archimedes gilt als einer, der die bedeutendsten mathematischen Entdeckungen gemacht hat, was umso bewunderungswürdiger ist, als es damals eigentlich noch gar keine brauchbaren Zahlen zum Rechnen gab und mathematische Symbole auch noch nicht eingeführt waren.

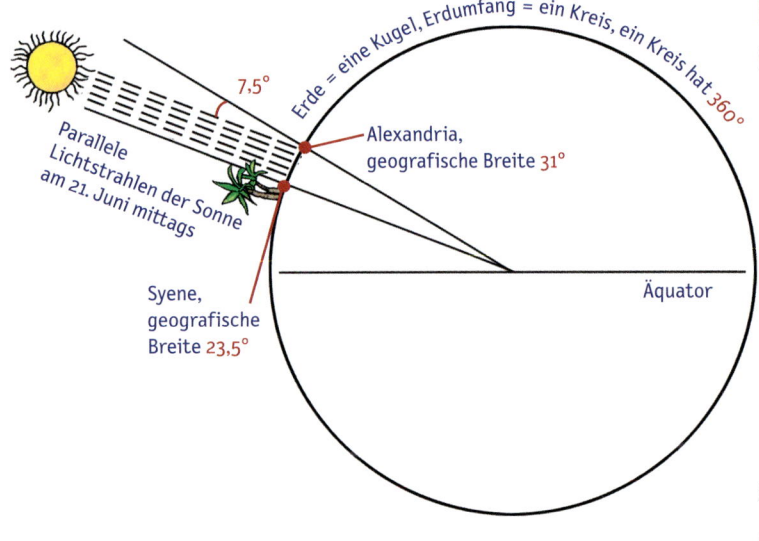

Parallele
Lichtstrahlen der Sonne
am 21. Juni mittags

7,5°

Erde = eine Kugel, Erdumfang = ein Kreis, ein Kreis hat 360°

Alexandria,
geografische Breite 31°

Syene,
geografische
Breite 23,5°

Äquator

Eratosthenes (276–194 v. Chr.) hat sich Gedanken darüber gemacht, wie groß die Erde eigentlich ist, und tatsächlich hat er einen Weg gefunden, den Umfang der Erde zu berechnen.

Er war Bibliothekar an der berühmten Bibliothek von Alexandria in Ägypten. Dort erfuhr er von einem Brunnen nahe der Stadt Syene, in dem sich an einem bestimmten Tag mittags die Sonne spiegelte. Am gleichen Tag warf eine Säule in Alexandria einen Schatten von 7,5 Grad. Nun ist, wenn die Erde eine Kugel ist, der Erdumfang ein Kreis. Und ein Kreis hat 360 Grad. 360 durch 7,5 ist gleich 48, also musste Eratosthenes nur die Entfernung zwischen Syene und Alexandria mit 48 multiplizieren. Die Strecke wurde gemessen: 828 Kilometer, mal 48 ergab einen Erdumfang von 39 744 Kilometern.

Die Mittagssonne steht am 21. Juni über Syene im Zenit. Sie spiegelt sich in einem Brunnen.

Alexandria liegt 828 km genau nördlich von Syene.

Die Mittagssonne wirft am 21. Juni in Alexandria einen Schatten von 7,5°.

7,5°

Mit Lasern und Satelliten kann man heute einen mittleren Erdumfang von 40 074 Kilometern ermitteln. Eratosthenes hat nur um 330 Kilometer danebengelegen.

Wenn man die Lebensgeschichten dieser berühmten Griechen aus den Kolonien liest, fällt auf, dass sie alle für die damalige Zeit viel gereist sind. Aber auch im griechischen Mutterland gab es weise Männer, die heute noch bekannt sind. Sokrates, Platon, Aristoteles haben in Athen gelebt, der wichtigsten Stadt in Griechenland. Sie alle waren Philosophen, was man mit »Freunde der Weisheit« übersetzen kann. Philosophen haben sich mit allem beschäftigt, was den menschlichen Geist bewegt: mit dem Zusammenleben der Menschen, mit Sternenkunde, Mathematik, der Natur und vielem mehr. Noch Newton, der zweitausend Jahre später lebte und grundlegende Entdeckungen in der Physik machte, nannte sich Naturphilosoph.

Raffael »Die Philosophenschule von Athen«, gemalt um 1510.

Bis in die Zeit, als Griechenland römische Provinz war, galten Griechen als besonders weise. Als Ratgeber waren sie gefragt, und zu einer vornehmen römischen Familie gehörte immer auch ein griechischer Hauslehrer. Waren die Griechen also intelligenter als die anderen Völker? Das glaube ich nicht. Ich denke, es war eher die Wertschätzung der Weisheit, die sie voranbrachte, der Spaß am Diskutieren und die Abkehr davon, Erklärungen in der Welt der Götter und Mythen zu suchen.

Im alten Griechenland waren die Bedingungen für die Wissenschaft ideal: Das Klima war gut und der Landwirtschaft zuträglich. Man hatte Zeit, sich mit Denken zu beschäftigen, wobei man allerdings nicht vergessen darf, dass es für die Arbeit Sklaven gab. Aber das Geistesklima war relativ frei und offen für neue Ideen. Eine dieser Ideen war die Demokratie. Schon früh haben die Griechen gemerkt, dass es für das Gemeinwesen nicht gut ist, wenn ein Einzelner oder eine Gruppe ohne Kontrolle herrschen und willkührlich über das Schicksal der Untertanen entscheiden kann. In Athen entschied die Volksversammlung, und es gab Gerichte, wo viele Menschen gemeinsam Recht sprachen. Das war nur eine relativ kurze Zeit so, aber auch vorher und nachher wurde die Macht kontrolliert und auf mehrere Personen übertragen.

Die Zeit der alten Griechen war eine spannende Zeit in der Geschichte der Menschheit, und ich frage mich, warum es mit den Entdeckungen und der Erforschung der Natur nicht im gleichen Tempo weiterging, als die Römer über die Welt herrschten. Es könnte daran gelegen haben, das die Freiheit des Denkens unter den Römern eingeschränkt war.

Gute Zeiten, schlechte Zeiten für Entdecker

Warum hat es in der Geschichte der Menschheit wohl Länder gegeben und Zeiten, die besonders viele Entdecker hervorgebracht haben? Es fällt ja auf, dass es im antiken Griechenland die mit Abstand meisten Entdeckungen gab, solange die Griechen noch nicht unter römischer Herrschaft lebten (was sie später nämlich mussten). Waren die Griechen unter den Römern plötzlich weniger intelligent geworden? Fiel ihnen nichts mehr ein?

Oder warum schickten ausgerechnet zuerst die Spanier und Portugiesen Schiffe auf See, um neue Handelswege zu erkunden? Und wie kam es, dass es gerade im 19. Jahrhundert so viele Entdeckungen auf den Gebieten der Elektrizität und Technik gab?

Die Antwort auf diese Fragen überrascht wenig: Entdeckungen wurden vor allem dort gemacht, wo die Bedingungen dafür günstig waren. Aber welche Bedingungen waren und sind das?

In Ägypten und an Euphrat und Tigris war es die Kombination von fruchtbarem Land und Flüssen, auf denen man reisen und Lasten transportieren konnte. Dort gab es immer genug Nahrungsmittel, und so konnten auch Sterndeuter, Dichter, Denker und Mathematiker für ihre Arbeit bezahlt werden – mit durchgefüttert, wenn man so will. Über die Flüsse und andere Verkehrswege konnte man dann sein Wissen mit anderen austauschen.

Wichtig war natürlich immer auch, ob Wissen überhaupt erwünscht war. In Ägypten war medizinisches Wissen allein deswegen wichtig, weil den Pharaonen nach ihrem Tod die verderblichen Eingeweide entnommen wurden und der  Rest des Körpers durch Öle und Bandagen haltbar gemacht werden sollte. Rechnerische Fähigkeiten wurden überall dort gebraucht, wo Handel getrieben wurde, und die Beobachtung der Sterne half, den Zeitpunkt von Aussaat und Ernte zu bestimmen.

Die griechischen Entdecker hatten sicher einen Vorteil dadurch, dass die Götter, an die sie glaubten, sehr menschliche Eigenschaften hatten. Sie waren mächtig und gewaltig, aber sie sprachen keine Denkverbote aus. Sie hatten auch keine Stellvertreter auf Erden, die das taten. Und so konnten die Griechen über alles ungestraft nachdenken, zum Beispiel darüber, wie die Natur funktioniert. Vor allem aber gab es in Griechenland viele sogenannte Philosophen, die sich austauschten, stritten, zusammenschlossen und im dauernden Gespräch viele Theorien über die Welt aufstellten. Hinzu kam, dass viele Griechen in Stadtstaaten lebten, in denen eine relativ große politische Freiheit herrschte. Man konnte auch verrückte Ideen aussprechen und sogar aufsässig sein, ohne gleich Angst haben zu müssen, eingesperrt zu werden. Wer sich nicht traut zu denken: »Der König ist ein Blödmann«, der traut sich auch andere Gedanken nicht zu denken. Wenn dann das Denken neuer Gedanken noch allgemein bewundert wird, wird es sicher auch mehr Menschen geben, die sich an Entdeckungen versuchen.

Ganz anders war es im Mittelalter: Da herrschte die Einstellung vor, dass es gar nichts Neues geben könne, weil ja alles, was wissenswert sei, in der Bibel stehe. Wenn da jemand neue Wege gehen wollte, hatte er es schwer. Dennoch gab es auch im Mittelalter Neuerer, die sich durchsetzten. Gotische Kathedralen sind dafür der Beweis. Denn Kirchen so zu bauen, war damals absolut revolutionär.

Besonders günstig war es für Entdeckungen immer dann, wenn Entdeckergeist und wirtschaftliche Interessen zusammenwirkten. So war die Aussicht auf Ruhm und Reichtum die Antriebsfeder für die Suche nach dem Seeweg nach Indien. Oder nehmen wir die industrielle Revolution im 19. Jahrhundert, als Maschinen und Fabriken das Arbeiten und Leben der

Menschen in wenigen Jahrzehnten von Grund auf veränderten. Warum fand sie gerade in England statt? Weil dort wichtige Entdeckungen und Erfindungen dafür gemacht wurden – aber auch deshalb, weil das Abenteuer Kolonien viele Engländer reich gemacht hatte. Das gab Mut, es auch mit dem Abenteuer Wissenschaft und Technik zu versuchen.

Noch etwas fällt auf, wenn man fragt, welche Zeiten welche Entdeckungen und Entdecker hervorgebracht haben: Je näher man der Gegenwart kommt, desto seltener werden Entdeckungen von einzelnen Forscherinnen oder Forschern gemacht. Das ist deshalb so, weil das Wissen immer vielfältiger und komplexer geworden ist. So wird die Zusammenarbeit der Wissenschaftler und Wissenschaften und der Austausch untereinander immer wichtiger. In vergangenen Jahrhunderten gründete man dafür Akademien, etwa die berühmte »Royal Society« in England oder die »Académie Française« in Frankreich. Heute gibt es unzählige Fachzeitschriften, Foren und Kongresse, wo Wissenschaftler sich austauschen. Selbst Einstein, der noch mit Bleistift und Papier an seinen Theorien arbeitete, war kein Einzelgänger; viele Ideen kamen ihm im Gespräch mit Freunden und Kollegen.

Neulich habe ich gelesen, Einstein sei das »letzte Genie« gewesen. Woanders las ich, Stephen Hawking sei der »letzte Superstar der Wissenschaft«. Ich denke, dass es immer einzelne herausragende Wissenschaftler und Forscher geben wird. Sie werden nur immer mehr auf die Zusammenarbeit mit anderen angewiesen sein. Es gibt heute viel mehr Forscher auf der Welt als noch vor fünfzig Jahren, und ihre Arbeitsbedingungen haben sich nicht zuletzt durch den Computer enorm verbessert. Es ist nur gut möglich, dass ihre Entdeckungen bekannter sein werden als ihre Namen.

Die Menschen entdecken die Welt für sich

Die Wissenschaftler scheinen sich darüber einig zu sein, dass die ersten Menschen in Ostafrika lebten. Ich glaube, es war für die Entwicklung der Menschheit entscheidend, dass sich die Lebensumstände dort vor ungefähr zwei Millionen Jahren veränderten. Es war der Vorgänger des Homo sapiens, also der Menschenart, zu der wir zählen, der von einem grundlegenden Klimawandel gezwungen wurde, den Tieren, die er jagte, zu folgen. Man nennt diesen Vorgänger Homo erectus.

Die ostafrikanische Savanne trocknete aus, die großen Pflanzenfresser wie Antilopen, Giraffen und Elefanten wurden weniger und mussten immer weitere Wege machen, um zu grasen. Die Menschen wiederum folgten ihren Beutetieren, mussten wandern und sich in neuen Landschaften zurechtfinden. Ich weiß nicht, wie man das ausgerechnet hat, aber man ist zu dem Ergebnis gekommen, dass die Menschen sich etwa 15 Kilometer im Jahr fortbewegt haben. Das erscheint wenig; man kann diese Strecke leicht in ein paar Stunden zu Fuß bewältigen. Aber mit 15 Kilometern im Jahr kommt man in zwei Millionen Jahren leicht 50-mal um die Erde.

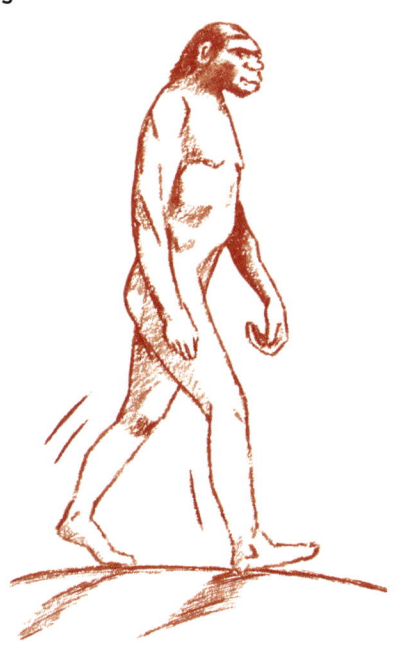

So sind die Spuren des Homo erectus in Nordchina zu finden und in Nordeuropa. Der Homo erectus ist also schon ziemlich weit herumgekommen. Sein Nachfolger, unser direkter Vorfahr – der Homo sapiens sapiens, wie der vollständige wissenschaftliche Namen von uns Menschen lautet – hat dann die ganze Erde besiedelt, mit Ausnahme der Antarktis, wo es zu kalt und unwirtlich war. Vor etwa 12 000 Jahren lebten fast überall auf der Erde Menschen, die gelernt hatten, sich an jedes Klima anzupassen. Unter anderem, weil sie wussten, wie man Kleidung anfertigt und Behausungen baut.

In Australien hat man Fossilien von Menschen entdeckt, die vor 60 000 Jahren dort lebten. Damals war der australische Kontinent nur über eine Meerenge zu erreichen, die etwa 80 Kilometer breit war. Die Menschen, die Australien besiedelten, müssen also schon Boote oder Schiffe gehabt haben. Wie die aussahen, wissen wir leider nicht mehr.

Sicher haben Boote und kleine Schiffe bei der Besiedlung der Erde eine wichtige Rolle gespielt. Denn auf Flüssen und Meeren kommt man relativ gut voran, wenn es keine Straßen und Wege an Land gibt.

Auf der Suche nach der magischen Stadt Punt

Zwar lebten überall auf der Welt Menschen, aber sie wussten nichts voneinander. Oder nur wenig. Die erste Entdeckungsreise, die nicht der Besiedlung neuen Landes diente, sondern der Erweiterung des Wissens und des Handels, ist die Expedition, die von der ägyptischen Königin oder Pharaonin Hatschepsut ausgesandt wurde, um nach dem sagenumwobenen Punt zu suchen. Hatschepsut regierte ungefähr von 1479–1458 v. Chr. Damals kamen in die Häfen Ägyptens Schiffe aus dem gesamten Mittelmeerraum und Nordafrika, also aus der gesamten damals bekannten Welt. Unter anderem auch mit Weihrauch und Myrrhe. Die brauchte man, um in den Tempeln einen angenehmen Geruch zu verbreiten und Ungeziefer auszuräuchern. Und zum Einbalsamieren der Mumien.

 Die Händler, die von den Ägyptern sehr viel Geld verlang-
ten, weil sie wussten, wie begehrt diese Waren waren, ver-
rieten nicht, wo das Weihrauchharz gewonnen wurde und
die Myrrhepflanze wuchs. Aber es gab Gerüchte, dass die Gegend
Punt hieß und am östlichsten Zipfel von Afrika lag.

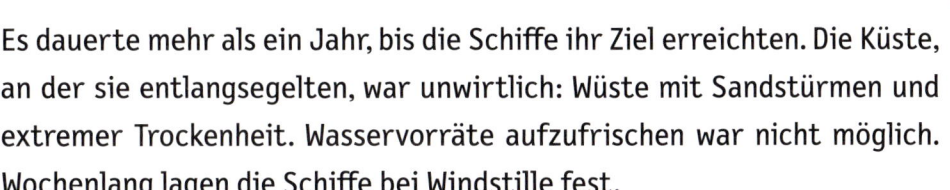

Also ließ Königin Hatschepsut eine Expedition
aufbrechen, um nach dem Land Punt zu suchen.
Die Reise war äußerst beschwerlich. Der Aus-
gangspunkt der Reise war der Tempel von
Deir el-Bahari am Nil. Von dort musste man
240 Kilometer bis zum Roten Meer zurück-
legen, beladen mit Holz, um an der Küste
Schiffe bauen zu können, und mit Vorräten,
denn man konnte nicht damit rechnen, Wasser zu finden oder auf Menschen zu treffen, die
die Expedition mit Nahrungsmitteln versorgen
könnten.

Es dauerte mehr als ein Jahr, bis die Schiffe ihr Ziel erreichten. Die Küste,
an der sie entlangsegelten, war unwirtlich: Wüste mit Sandstürmen und
extremer Trockenheit. Wasservorräte aufzufrischen war nicht möglich.
Wochenlang lagen die Schiffe bei Windstille fest.

So erreichten sie ein Land, das eigentlich nicht zu erreichen war.
Die Menschen, die sie in Punt trafen, glaubten deshalb, dass
die Ägypter von den Strahlen der Sonne zu ihnen getragen
worden waren. Der König und die Königin von Punt nahmen Hatschepsuts Geschenke dankbar entgegen und ge-
statteten den Ägyptern, Perlen, Armbänder und Waffen
gegen viel wertvollere Güter einzutauschen: Myrrhe-
bäume, Weihrauch, Elefantenzähne, Gold, Ebenholz, Felle
und … Menschen: Sklaven, die sie mit nach Ägypten nahmen.

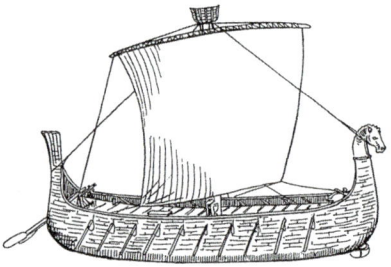

Die Phönizier – ein Volk von Seefahrern

Dass das Mittelmeer als Wiege der europäischen Kultur gilt, hängt sicher auch damit zusammen, dass es die Schifffahrt begünstigt. Es ist meist eher ruhig, hat beständige Winde, wenige Untiefen und viele schützende Häfen.

Dort, wo heute der Libanon ist, lebte ein Volk, das aus den berühmten Zedern des Libanon besonders gute Schiffe baute und sehr geschickt Handel betrieb: die Phönizier. Sie waren die Ersten, die eine Buchstabenschrift entwickelten und Zahlen benutzten, mit denen man besser rechnen konnte. Sie trieben Handel mit allen Völkern rund ums Mittelmeer, natürlich auch mit den Ägyptern.

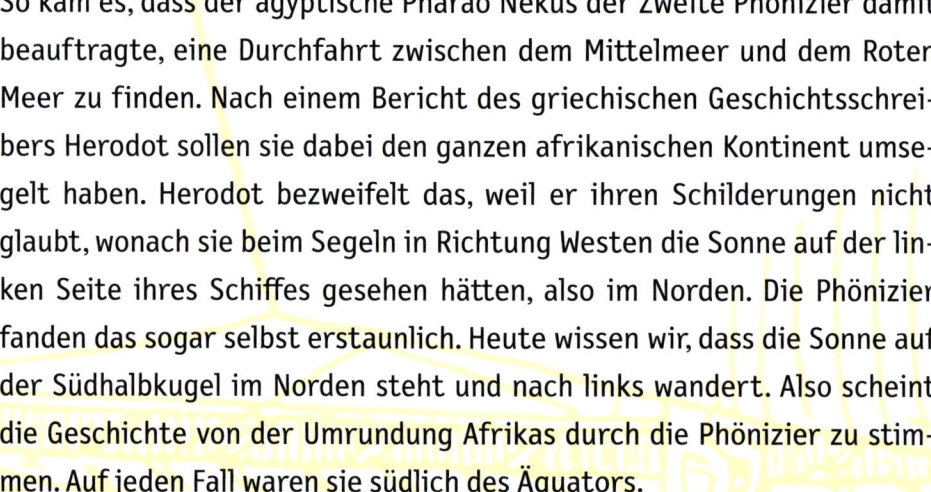

So kam es, dass der ägyptische Pharao Nekus der Zweite Phönizier damit beauftragte, eine Durchfahrt zwischen dem Mittelmeer und dem Roten Meer zu finden. Nach einem Bericht des griechischen Geschichtsschreibers Herodot sollen sie dabei den ganzen afrikanischen Kontinent umsegelt haben. Herodot bezweifelt das, weil er ihren Schilderungen nicht glaubt, wonach sie beim Segeln in Richtung Westen die Sonne auf der linken Seite ihres Schiffes gesehen hätten, also im Norden. Die Phönizier fanden das sogar selbst erstaunlich. Heute wissen wir, dass die Sonne auf der Südhalbkugel im Norden steht und nach links wandert. Also scheint die Geschichte von der Umrundung Afrikas durch die Phönizier zu stimmen. Auf jeden Fall waren sie südlich des Äquators.

Etwa 500 v. Chr. ist der Phönizier Hanno, auch Hanno der Seefahrer genannt, von Karthago (heute ist da Tunesien) nach Westen gesegelt, dann durch die Straße von Gibraltar, durch die »Säulen des Herkules«, wie man damals sagte. Dann wandte er sich mit seinen 60 Schiffen, die jedes 50 Ruderer an Bord hatten, Richtung Süden. Wie es sein Auftrag war, grün-

dete er an der Westküste Afrikas Stützpunkte für die phönizischen Seefahrer. Dann fuhr er weiter mit Kurs nach Süden. In seiner Reisebeschreibung berichtet er von Krokodilen und Nilpferden in einer Flussmündung. Wahrscheinlich war das die Mündung des Senegalflusses. Er berichtet auch von einer »Feuerzunge, die von einem hohen Berg bis in den Himmel reicht«. Dabei könnte es sich um den Mount Kamerun gehandelt haben.

Ob die Phönizier bis nach Amerika gefahren sind, wie manche behaupten, kann durch keine Funde belegt werden. Ganz sicher ist aber, dass sie mit England und Dänemark Handel getrieben haben. Zum Beispiel mit Purpur, einem sehr begehrten roten Farbstoff, der aus einer bestimmten Schneckenart gewonnen wurde; damit wurden viele Jahrhunderte lang die Mäntel der Könige gefärbt. Die Phönizier handelten auch mit Glas, dessen Herstellung und Verarbeitung sie beherrschten. Ein weiteres wichtiges Handelsgut war Holz. Allerdings haben die Phönizier am Ende so viele Bäume gefällt, dass sie nicht nur fast alle Zedern des Libanon vernichtet hatten, sondern auch viele andere Wälder. Der Holzhandel und damit auch die Seefahrerei der Phönizier kamen mit diesem Raubbau zum Erliegen.

Entdeckung durch Eroberung: Alexander der Große (356–323 v. Chr.)

Entdeckungsreisen waren in der Antike eigentlich nur auf See möglich. An Land zu reisen war viel zu gefährlich. Zwar galt weithin das Gebot der Gastfreundschaft Fremden gegenüber; aber was sollte einen armen Schlucker daran hindern, einem Reisenden die Kehle durchzuschneiden und sein Geld einzustecken? Händler, die auf den Landweg angewiesen waren, schlossen sich deshalb zu Karawanen zusammen, in der Hoffnung, sich so besser verteidigen zu können. Oder man unternahm eine Entdeckungsreise wie Alexander der Große: mit 5000 Reitern und 30 000 Fußsoldaten.

Die Reise Alexanders des Großen war natürlich keine Entdeckungsreise, sondern ein Eroberungsfeldzug. Alexander wollte die Perser besiegen, seine größten Konkurrenten. Es ging dabei auch weniger darum, wirklich Land zu erobern, sondern eher darum, von möglichst vielen Völkern und Stämmen Tribut zu bekommen; heute würde man sagen: Steuern. Also zog er los: von Griechenland über die Türkei nach Ägypten, von da nach Babylonien (dem heutigen Irak), nach Persien und dann nach Norden und Osten, zum Fluss Indus, der Grenze zu Indien. 32 000 Kilometer in zehn Jahren! Eigentlich wollte Alexander auch noch ganz nach Indien vordringen, aber seine Leute waren erschöpft und drohten zu meutern, sodass er den Rückweg antreten musste.

Ein Teil seiner Truppen fuhr auf Schiffen nach Babylonien zurück, den Rest führte Alexander zu Lande. Diese Rückreise war extrem beschwerlich, denn sie führte zum großen Teil durch Wüsten. Durch Durst und Sandstürme verloren über 60 000 Männer ihr Leben.

Das Imperium Alexanders in seinem Todesjahr (323 v. Chr.).

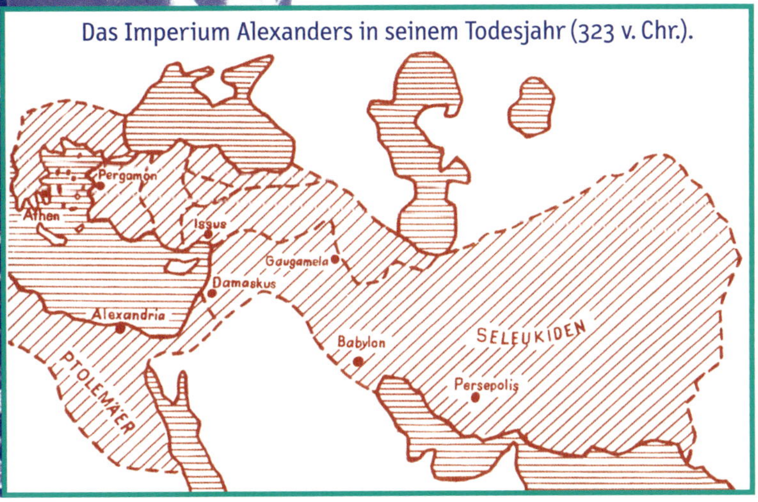

Ob es Alexander um Macht und Eroberungen ging oder um Entdeckungen, ist heute schwer zu sagen. Auf jeden Fall war er neugierig und wollte unbekannte Länder kennenlernen. Mit ihm reisten etliche Schreiber und Philosophen. Heute würden wir sagen: Wissenschaftler. Ihre Aufgabe bestand nicht nur darin, die ruhmreichen Taten Alexanders aufzuschreiben, sondern auch die Beobachtungen, die sie in den unerforschten Ländern machten. Landvermesser reisten mit ihm, Botaniker, die die Pflanzen der neuen Länder zeichneten und beschrieben, Sternforscher. Viele kleine Erkundungstrupps sammelten Informationen, die nicht nur kriegerischen Zwecken dienten.

Auch wenn Alexander der Große eher Krieger als Entdecker war, wussten die Menschen nach seinem Tod im Jahre 323 v. Chr. sehr viel mehr über die Welt.

Pytheas der Grieche (um 310 v. Chr.)
reist nach Norwegen

In der Zeit der Griechen könnte es einige gegeben haben, die – freiwillig oder unfreiwillig – mit dem Schiff Fahrten unternahmen, die sie an unbekannte Küsten führten.

Von einem dieser Abenteurer wissen wir – allerdings nur wenig.
Pytheas war ein reicher Kaufmann, der in der Stadt Marsilia lebte. Marsilia war eine Stadt, die die Griechen an der Mündung des Flusses Rhone in Südfrankreich gegründet hatten. Heute heißt diese Stadt Marseille und ist immer noch eine der wichtigsten Hafenstädte am Mittelmeer.

Ob Pytheas Waren kaufen oder verkaufen wollte, wissen wir nicht. Er machte eine Reise nach Norden. Ob er die Rhone flussaufwärts fuhr oder an der Mittelmeerküste an Spanien vorbei und dann Richtung England? Auf jeden Fall ist der an der englischen Küste entlanggesegelt, bis hoch nach Schottland. Von dort weiter nach Norden, wobei ihn der Westwind an die norwegische Küste trieb.

Wie alle Griechen glaubte er, dass das Meer im Norden nicht passierbar sei – vereist und von Meeresungeheuern bevölkert. Weil Pytheas in seiner Reisebeschreibung von schwimmenden Eisschollen berichtet und von »unglaublich langen Tagen«, der Polarnacht also, ist es wahrscheinlich, dass er wirklich – 300 Jahre v. Chr.! – bis in die Nähe des Polarkreises gesegelt ist

Ich bin ziemlich sicher, dass er nicht der Einzige war, der sich damals in Gegenden gewagt hat, die er vorher nicht kannte.

Eratosthenes (ca. 275–194 v. Chr.) zeichnet die erste Weltkarte

Eratosthenes war Leiter der Bibliothek von Alexandria. Dort war alles Wissen der damaligen Welt auf unzähligen Papyrusrollen und in Büchern festgehalten, nicht nur die Reiseberichte Alexanders des Großen oder des Pytheas, sondern sicher auch viele andere Berichte und Beschreibungen ferner und naher Länder. Eratosthenes schreibt ein aus drei Büchern bestehendes Werk, das er »Geographica« nennt, von »geos« für Erde und »graphein«, was schreiben oder zeichnen bedeutet. Er nimmt alle Berichte kritisch unter die Lupe und versucht, aus den vielen Geschichten, die von Fabelwesen und Heldentaten erzählen, einen wahren Kern herauszuschälen. Oft waren die Angaben nicht sehr eindeutig, wenn es etwa hieß: »drei Tagesreisen gegen den Wind, der dort im Herbst weht«. Aber bevor es Karten gab, lasen sich Wegbeschreibungen so: »Segle fünf Tage in Richtung der untergehenden Sonne im Juni, an der Flussmündung, auf die du dann stößt, wende dich in Richtung des Polarsterns, bis du eine kleine Insel mit zwei Spitzen erblickst. Wenn du von dort zwei Tage die Richtung anpeilst, die zwischen Sonnenaufgang und Polarstern liegt, bist du in zwei Tagen im Hafen.« Heutige Reisende wären da wohl aufgeschmissen.

Die Karte, die Eratosthenes aufgrund dieser Angaben zeichnete, war trotzdem erstaunlich nahe an der Wirklichkeit. Der italienische Stiefel mit Sardinien und Korsika ist gut zu erkennen, auch Griechenland, Europa und die arabische Halbinsel. Dass die Erde eine Kugel ist, wussten die alten Griechen und haben darum die Erde in Längen- und Breitengrade eingeteilt. Eratosthenes war auch bekannt, dass das Klima sich von Norden nach Süden ändert.

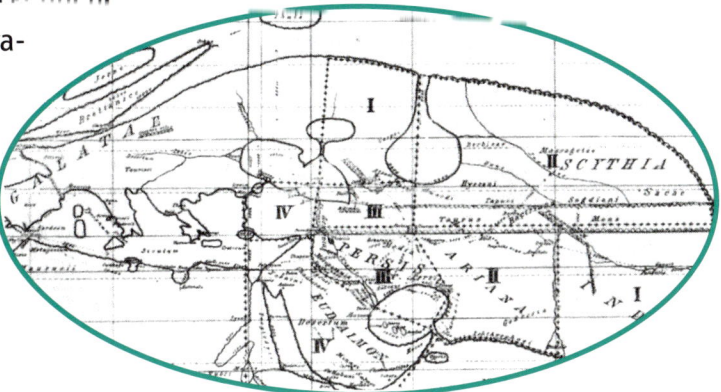

Einer von Eratosthenes' Nachfolgern an der Bibliothek von Alexandria war Ptolemäus (100–170 nach Christus), der die Erde noch feiner eingeteilt und auf seiner Karte Asien weiter nach Osten verlegt hat – ein Irrtum, der später Kolumbus annehmen ließ, Asien sei recht schnell zu erreichen, wenn man nur nach Westen segelte. So glaubte man jedenfalls lange. Heute gibt es Zweifel, ob Kolumbus wirklich so gedacht hat.

Die Wikinger erkunden die Meere

Wie die Welt aussieht, wurde vom Meer aus entdeckt. Dabei spielten zwei ausgesprochene Seefahrervölker eine besondere Rolle. Das eine waren die Phönizier, von denen wir schon hörten. Während die Phönizier die Meere befuhren, um Handel zu treiben, waren die Wikinger eher als Räuber und Piraten auf den Meeren unterwegs. Sie kamen aus Skandinavien. Oft waren es Bauern, die mit dem Schiff auf einen Raubzug gingen. Manchmal waren es Männer und Frauen, die nicht mehr von ihren Feldern und Äckern leben konnten, manchmal taten sich Ausgestoßene – heute würden wir sagen: Kriminelle – zusammen und gingen auf Kaperfahrt. Besonders in Norddeutschland, in Nordfrankreich und England ließ der Schrei »Die Wikinger kommen!« die Menschen blass werden und die Flucht ergreifen.

Manche Wikinger trieben es so wild, dass sie von ihren eigenen Landsleuten verbannt wurden. Erik der Rote (950–1003) hieß einer von ihnen. Schon seinem Vater war ein Mord vorgeworfen worden, weswegen er nach Island geflohen war. Auch Erik der Rote soll einen Mord begangen haben. Auch er musste aus seinem Dorf fliehen. Mit seiner Familie und einigen Freunden segelte er von Island über den Atlantik und fand ein unbekanntes Land, in dem er sich niederließ.

Querschnitt durch eine »Knorr«. Mit diesen Schiffen transportierten die Wikinger ihre Waren über die Meere.

76

Um es anderen Wikingern schmackhaft zu machen, nannte er das Land »Grönland«, »grünes Land«, was angesichts der Tatsache, dass diese größte Insel der Welt meist von meterdickem Eis bedeckt ist, keine wirklich treffende Bezeichnung ist. Aber natürlich gibt es im Sommer auch grüne Weiden in Grönland.

Auf einer Werbereise nach Island gelingt es Erik dem Roten, so viele Menschen nach Grönland zu locken, wie auf fünfundzwanzig Wikingerschiffen Platz haben. Zehn dieser Schiffe sinken im Sturm. Die anderen erreichen Grönland, wo die Wikinger sich für über fünfhundert Jahre ansiedeln.

Der Sohn Eriks des Roten hieß, wie es bei den Wikingern Brauch war, Eriksson – der Sohn des Erik. Leif Eriksson (975–1020) hatte von seinem Vater die Lust am Entdecken unbekannter Küsten geerbt.

Die Wikinger segelten viel auf dem Nordatlantik. So entdeckten sie, dass es von Schottland nicht weit zu den Shetland-Inseln ist. Wenn man dann die Faröer-Inseln ansteuert, ist schon der halbe Weg nach Island geschafft. Von da nach Grönland zu segeln oder zu rudern, war um das Jahr 1000 herum schon fast Routine. Dennoch kam so manches Schiff nicht an sein Ziel, und viele Wikinger verloren auf See ihr Leben.

Manche hatten aber auch Glück, zum Beispiel Bjarni Herjúlfsson (geb. 966). Erst Sturm, dann Nebel brachten ihn vom Kurs ab, und er kam an eine unbekannte Küste. Mal sah er Gletscher, dann aber auch eine grüne, bewaldete Küste, an der er aber nicht landete, weil der Wind ihn nach Grönland brachte. Von Bjarni Herjúlfssons Abenteuern erfährt Leif Eriksson, von dem wir wissen, dass er Bjarni ein Schiff abgekauft hat. Leif bricht mit 35 Männern in Richtung Süden auf. Das erste Land, das er sieht, nennt er »Helluland« – »Steinland«. Aber weiter im Süden findet er

»Markland«, also »Waldland«. Heute nennen wir das Labrador. Noch weiter im Süden nennt er das Land »Vinland«, »Weinland«. Wir schreiben das Jahr 1000 n. Chr., und Amerika ist entdeckt.

Es könnte wohl sein, dass Leif Eriksson das entdeckte Land »Vinland« nannte, weil er, wie sein Vater, andere Wikinger dazu bringen wollte, ihm zu folgen. Auf jeden Fall wird davon berichtet, dass Leif Eriksson mit Früchten nach Grönland zurückkam, die er seinen Landsleuten zeigte. Und es wird davon berichtet, dass sich zwischen 1010 und 1020 160 Wikinger mit ihren Tieren nach Vinland aufmachten. Das hat den Ureinwohnern Amerikas wohl nicht gefallen. Denn immer wieder kam es zu Angriffen der »skraelinger«, wie die Wikinger sie nannten – »Schwächlinge«. Den Namen »Indianer« bekamen sie erst später – von Kolumbus, der Amerika zum zweiten Mal entdeckte, wie wir heute wissen.

Nach drei Wintern gaben die Wikinger ihre Kolonie in Amerika auf. Die »skraelinger« blieben für dieses Mal die Stärkeren. Aber das Wissen um die Küsten im Westen wurde in Seemannskreisen sicher weitererzählt. Nur galt es Jahrhunderte später wahrscheinlich höchstens noch als Seemannsgarn …

Reisende und Händler entdecken die Reichtümer Asiens

Nicht nur auf See verschlug es Menschen in fremde Länder. Für Moslems ist Reisen Pflicht, denn jeder Moslem soll einmal im Leben nach Mekka pilgern. So bricht auch der 1304 geborene Marokkaner Ibn Battuta mit 21 Jahren von seiner Heimatstadt Tanger nach Mekka auf, wo er sieben Jahre später ankommt. Er hat in dieser Zeit entdeckt, dass ihm Reisen Spaß macht. So schließt er sich Karawanen an und reist nach Indien, China, Ostafrika und schließlich noch von Tanger aus nach Timbuktu, das heute in Mali liegt. Reisende wie er erzählten ihre Geschichten, ihre Beobachtungen und beeindruckten oft durch die Reichtümer, die sie durch Handel unterwegs angehäuft hatten.

Waren aus China und Indien erreichten auch Europa und wurden dort zu astronomisch hohen Preisen verkauft. Zu gerne wären Händler aus Europa nach China gereist, um dort zum Beispiel Seide und Porzellan einzukaufen. Aber ein großer Teil des Weges wurde von Moslems beherrscht, die selbst Geschäfte machen wollten und Christen die Durchreise verweigerten. Erst als Dschingis Khan – er herrschte von 1206–1227 – mit seinen schnellen mongolischen Reitern weite Teile Asiens eroberte, ergab sich die Möglichkeit für Christen, nach Osten zu reisen. Denn den Mongolen war es egal, welcher Religion jemand angehörte.

Die Reisen der Polos

Unter den ersten Kaufleuten, die sich auf den Weg nach Osten machten, waren die Brüder Niccolò und Maffeo Polo aus Venedig. Sie brachen 1260 auf, und eigentlich hätte ihre Reise in Russland zu Ende sein können, wo sie sehr erfolgreich Juwelen verkauft hatten. Aber dann war ihnen der Rückweg versperrt. Ein Krieg war ausgebrochen. Mit den Mongolen zogen sie weiter Richtung Osten und kamen an den Hof des großen Khan nach Peking. Der interessierte sich sehr für die Religion der Christen und gab den Polos einen Brief an den Papst mit, er möge bitte Priester und Gelehrte schicken. Drei Jahre später, neun Jahre nach ihrer Abreise, kehren die Polos wieder nach Italien zurück. Nie vorher hatten Europäer Asien so intensiv bereist und kennengelernt.

Marco Polo weckt die Gier nach den Reichtümern Asiens

Als die Polos wieder in Venedig waren, schrieb man das Jahr 1269. Papst Clemens IV war im Jahr zuvor gestorben, die Wahl seines Nachfolgers Gregors X zog sich über Jahre hin. Es gab keinen Papst, dem die Brüder die Wünsche des chinesischen Herrschers hätten überbringen können. Die Polos beschlossen, sich auf eigene Faust wieder auf den Weg nach China zu machen. Diesmal nahmen sie Niccolòs Sohn Marco mit, der bei der Abreise siebzehn Jahre alt war. Ihre Reise sollte 25 Jahre dauern. Nach seiner Rückkehr schrieb Marco seine Erlebnisse auf.

Er schrieb davon, wie er das Vertrauen des Khans gewann und von ihm als Botschafter in die Provinzen Chinas geschickt wurde. Er berichtete von gigantischen Brücken, die die Flusstäler überspannten, vom Papier, mit dem in China bezahlt wurde, und von den unermesslichen Reichtümern des chinesischen Kaisers.

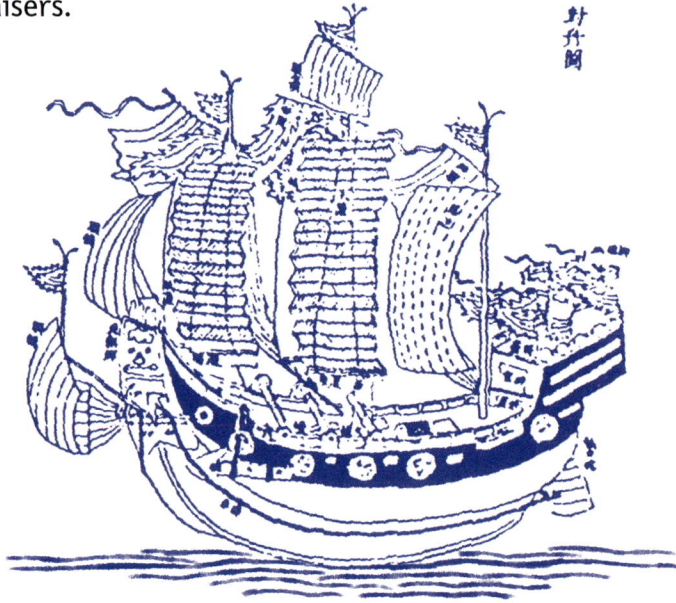

Interessant ist allerdings das, wovon er nicht berichtete. Die chinesische Mauer, die damals gerade gebaut wurde, erwähnt er mit keinem Wort. Dass die Chinesen mit Stäbchen essen, erwähnt er nicht. Und wenn er das Schießpulver und das Feuerwerk gesehen hätte, das die Chinesen schon kannten, hätte er sicher ebenfalls davon erzählt. All das konnte ihm am Hof des Kaisers unmöglich verborgen bleiben – wenn er dort wirklich war.

Heute erscheint es uns eher wahrscheinlich, dass Marco Polo gar nicht bis China gekommen ist und nur aufge- schrieben hat, was er in Asien über China und Indien hörte. Auch wenn seine Zeitgenossen nicht alles glaub- ten, was in seinem Reisebericht zu lesen war, waren sie dennoch beeindruckt von seinen Schilderungen. Vor al- lem die Dächer aus purem Gold, von denen er berich- tete, regten die Fantasie seiner Leser an. Alle Kaufleute träumten vom Handel mit Seide und Edelsteinen, der sie unendlich reich machen würde.

Auch wenn Marco Polo nicht alles erlebt und gesehen hatte, wovon er schrieb, wurden seine Berichte von den Zeitgenossen verschlungen. Sie weckten Sehnsucht und Gier und den Drang nach Osten – zu den Quel- len großen Reichtums, wie man meinte.

Aber das Mongolenreich war leider (aus Sicht er europäischen Kaufleute) nur von kurzer Dauer. Die Landrouten nach China und Indien waren wie- der versperrt, weil die muslimischen Händler nicht daran dachten, ihren Konkurrenten aus Europa, den »Ungläubigen«, die Durchreise zu gestat- ten. Sie strichen lieber selbst die Gewinnspannen ein, die der Handel mit Gewürzen, Edelsteinen, Porzellan und Seide brachte. Umso interessanter wurde darum der Seeweg nach Indien und China.

Zheng-He (1371–1433) – der einzige Entdecker, der aus China kam

Den Reichtum Chinas, von dem Marco Polo berichtet, hat es sicher gegeben. Aber es den einfachen Menschen dort auch gut ging, können wir heute nicht mehr sagen. Auf jeden Fall verfügte der Kaiser von China über schier unbegrenzte Reichtümer. Die Mongolen hatten sich aus China zurückgezogen, und das Land blühte wieder auf. Aber die Handelsstraßen über Land, besonders die berühmte Seidenstraße, waren immer noch von den Mongolen kontrolliert und in den Augen des Ming-Kaisers zu unsicher.

Darum beauftragte er seinen Vertrauten Zhen-He damit, eine Flotte zu bauen, um die Meere um China zu erkunden. Die Flotte, die Zheng He baute, war beeindruckend. Die größten Schiffe, die sogenannten Drachenschiffe oder Schatzschiffe, waren 80 Meter lang und 30 Meter breit und hatten Platz für 500 Menschen. Außerdem für Tiere, die als Proviant dienten, und sogar für Gemüsebeete, sodass an Bord immer frisches Gemüse gegessen werden konnte.

Es gab Pferdeschiffe, Wasserschiffe, Versorgerschiffe und Kriegsschiffe. Zheng He stach mit einer Flotte in See, wie sie die Welt bis dahin nicht gesehen hatte. 62 Schiffe mit 28 000 Menschen an Bord befuhren zuerst das südchinesische Meer, steuerten Indien an und fuhren dann die ostafrikanische Küste entlang.

Die Chinesen kannten als erste den Kompass und bauten ihre Schiffe so, wie sie es sich beim Bambus abgeschaut hatten: Sie bauten in die Schiffe Kammern ein, sodass bei einem Leck nur in einen Teil des Schiffes Wasser eindringen konnte.

Die Schiffe führten große Mengen chinesischer Waren mit, auch Geschenke für die Fürsten fremder Völker. Ich kann mir gut vorstellen, wel-

chen Eindruck es gemacht haben muss, wenn die chinesische Flotte am Horizont auftauchte und das Meer plötzlich mit Schiffen bedeckt war, wie man sie so groß noch nie gesehen hatte. Den Völkern in Asien zu zeigen, wie groß und mächtig China war, fiel mit so einer Flotte nicht schwer.

Die Chinesen verteilten Geschenke: die schönsten Kunstwerke, Porzellan, Seide und wunderbar lackierte Möbelstücke, und sie wurden von den Herrschern der Länder, an deren Küste sie landeten, beschenkt, einmal sogar mit einer Giraffe. Aber sie forderten auch Tributzahlungen ein. Die kann man mit Steuern vergleichen, aber der Hauptzweck für Zheng He bestand eher darin, sich mit den Tributzahlungen die Herrschaft des chinesischen Kaisers bestätigen zu lassen. Sie waren sozusagen eine Verbeugung vor seinem Kaiser.

Sieben Reisen unternahm Zheng He mit seiner Riesenflotte. China war damals die größte Seemacht auf der Erde, mit Handelsbeziehungen nach Arabien, Indien und Südasien. Aber als Zheng He im Jahr 1433 starb, war es mit der Seemacht China bald vorbei. Zum einen, weil die Buchhalter am kaiserlichen Hof feststellten, dass die Kosten für die Flotte viel höher waren als die Summen, die durch Tribute eingenommen wurden. Zheng Hes Reisen waren ein Verlustgeschäft, weswegen der Unterhalt der Flotte eingestellt wurde. Viele Geschichtsschreiber sagen, China habe sich danach zurückgezogen und nach außen isoliert. Es kann aber auch sein, dass die Entdeckungsreisen Zheng Hes gezeigt hatten, dass es außerhalb von China wenig gab, was für die Chinesen interessant war. Denn China war damals nicht nur reich, sondern auch technisch der übrigen Welt weit voraus. Das gilt auch für Europa. Das Schießpulver hatten sie schon erfunden, den Buchdruck, das Porzellan und vieles mehr – was hätte es damals in Europa geben sollen, das Chinesen eine gefährliche Seereise wert war?

Umgekehrt sah das ganz anders aus. Für die Europäer war das, was Asien zu bieten hatte, höchst begehrenswert. Vor allem Gewürze aus Asien waren so gefragt, dass zum Beispiel Pfeffer mit Gold aufgewogen wurde. Pfeffer war damals genauso wertvoll wie Gold! Das kann man sich heute gar nicht mehr vorstellen. Kein Wunder, dass man reiche Kaufleute Pfeffersäcke nannte und mancherorts – in Hamburg zum Beispiel – immer noch so nennt.

Zu der Zeit, als Zheng He seine Expeditionen machte, war es mit der Schifffahrt in Europa allerdings noch nicht weit her.

Heinrich der Seefahrer (1394–1469), der nie eine längere Seereise gemacht hat

Dafür war der Wille, mit Indien und China Handel zu treiben, umso größer. Gewürze waren, wie gesagt, hochbegehrt, aber auch Gold. Denn weil in Europa immer mehr gehandelt wurde, brauchte man immer mehr Geld, und das war damals Gold. In Europa – in China hatte man da längst das Papiergeld erfunden.

Aber in Europa gab es keine Schiffe, mit denen man die Fahrt nach China hätte schaffen können, keine Kapitäne, die eine lange Seefahrt hätten leiten können, und vor allem: Man kannte keinen Kurs, der dorthin geführt hätte.

Der Seeweg nach Osten endete am Oststrand des Mittelmeeres, der muslimisch beherrscht war – da war kein Durchkommen. Dann gab es noch den Weg um Afrika herum, aber da war seit den Phöniziern keiner mehr gesegelt. Und man war sich auch gar nicht sicher, ob man so Indien und China erreichen könnte.

Im Jahr 1394 bekam Johannes der Erste, König von Portugal, seinen vierten Sohn, Heinrich. Dem sagten die Hofastrologen schon bei seiner Geburt voraus, dass er »große und edle Unternehmungen machen und Dinge entdecken werde, die anderen Menschen verborgen waren«. Tatsächlich interessiert sich Heinrich sehr für die Seefahrt. Bei einem Krieg an der Nordküste Afrikas sieht er die enormen Mengen Gold und Kupfer, die dort mit den Karawanen ankommen. Afrika scheint jenseits der Sahara enorm reich an Bodenschätzen zu sein.

Heinrich gründet darauf an der portugiesischen Atlantikküste eine Art Seefahrerakademie, wo er alles sammelt, was es zur damaligen Zeit an Karten, Reisebeschreibungen und auch an Gerüchten über ferne Küsten gibt. Er versammelt Sternenkundler und Schiffsbauer um sich. In seiner Werft wird ein neuer Schiffstyp gebaut: die Karavelle, ein wendiges, sehr seetüchtiges Schiff, das auch in flachen Gewässern noch manövrierfähig ist.

Mithilfe von Gelehrten entwirft Heinrich Pläne für Entdeckungsreisen und überzeugt den König, diese Reisen zu finanzieren. Die portugiesischen Kaufleute sind zwar am Handel mit Afrika und Asien interessiert, aber sie haben nicht genug Geld, um Schiffe bauen zu lassen und auszurüsten. Mit den Schiffen fuhren Landvermesser und Kartographen, die die Küsten Afrikas vermaßen und Karten herstellten, die die Portugiesen aber wie ein Staatsgeheimnis geheim hielten.

Denn von den Schiffen, die Heinrich der Seefahrer losschickte, kehrten viele zurück, ohne die sagenhaften Gewürzinseln gefunden zu haben. Dafür gab es auch einen Grund: das gefürchtete Kap Bojador, eine Wüstenküste, an der die Sanddünen der Sahara ins Meer geweht werden. Entweder kippen dort halbe Dünen ins Meer, sodass das Meer zu kochen scheint, oder aber der Sand wird seewärts geweht, sodass noch weit vor der Küste die Schiffe auf unterseeische Sandbänke auflaufen können.

Das Kap Bojador jagte den Seeleuten Angst und Schrecken ein.

Für die Seeleute war dieses Kap Bojador das Ende der Welt, dahinter konnte in ihren Augen nur das Inferno, die Hölle sein, wo die Sonne alle zu Schwarzen briet, Seeungeheuer auf Beute lauerten und magnetische Felsen den Kompass unbrauchbar machten und die Nägel aus den Schiffswänden rissen.

Über vierzig Schiffe schickte Heinrich in vierzehn Jahren los, mit dem Befehl, das Kap Bojador zu umfahren und die Küsten weiter südlich zu erforschen. Einige davon kehrten nicht zurück, was die bösen Ahnungen der Seeleute noch bestärkte. Einige wichen daraufhin weiter nach Westen aus und entdeckten die Insel Madeira und die Azoren.

Einer, der am Kap Bojador gewendet hatte, war Gil Eanes. Er war ein Vertrauter Heinrichs, der ihn noch einmal losschickte und ihn beschwor, das Kap doch endlich zu überwinden, und sei es nur um ein paar Meilen. Im Jahr 1434 gelang es Eanes und seiner verängstigten Mannschaft endlich, das Kap zu umfahren. Als sie feststellten, dass sie das Kap überwunden hatten und ihnen nichts passiert war, waren sie erleichtert, und der Bann war für immer gebrochen.

In den folgenden Jahren schickte Heinrich der Seefahrer seine Schiffe immer weiter nach Süden, wo sie dann endlich auch Handelswaren fanden. Die Namen der Küsten erzählen, womit damals gehandelt wurde: Goldküste, Elfenbeinküste, Pfefferküste, Sklavenküste – wertvolle Fracht, wobei der Sklavenhandel natürlich ein unrühmliches Kapitel darstellt.

Im Jahr 1488 umrundete Bartholomäus Dias, von einem Sturm getrieben, das Kap der guten Hoffnung, die Südspitze Afrikas. Damit war für die Portugiesen auch der Weg nach Indien und China frei. Das hielten sie aber streng geheim, denn sie hatten Angst, dass ihre ärgsten Konkurrenten, die Spanier, davon erführen und ihnen die erhofften gigantischen Gewinne abjagen würden.

Christoph Kolumbus (1451–1506)
entdeckt eine »neue Welt«

Auch wenn einfache Matrosen vielleicht glaubten, am Kap Bojador ende die Erdscheibe, von deren Rand man dann in die Hölle stürze, waren doch alle Wissenschaftler, Gelehrten und Navigatoren überzeugt, dass die Erde eine Kugel sei. Und so kam Christoph Kolumbus, der vermutlich aus Genua stammte, auf die Idee, dass man, wenn man auf dieser Kugel nach Westen segelte, auch in China ankommen müsse. Nur: Wie weit würde man segeln müssen? Marco Polo hatte Asien als riesigen Kontinent beschrieben, der sich weit in Richtung Osten ausdehnte. Einige Kartographen rechneten aus, dass man Asien nach etwa 2400 Meilen erreicht haben müsse. Solche Entfernung waren portugiesische Seefahrer schon oft gefahren – allerdings immer an der Küste Afrikas entlang.

Die Portugiesen glaubten den Berechnungen von Kolumbus nicht. Außerdem waren sie vollauf damit beschäftigt, die Westküste Afrikas zu erforschen. Also gaben sie ihm die drei Schiffe, mit denen er seine Reise nach Westen machen wollte, nicht. Darum ging er zur Konkurrenz nach Spanien.

Aber auch dort wurde Kolumbus nicht sofort mit offenen Armen empfangen. Sieben Jahre lang versuchte er, König Ferdinand und Königin Isabella zu überzeugen. Erst als er sich auf den Weg nach Frankreich machte, wurde er zurückgeholt und erhielt eine positive Antwort.

Am 3. August 1492 stachen die *Santa Maria*, das Kapitänsschiff, die *Pinta* und die *Niña* in See. Woher wusste Kolumbus, dass er zuerst Richtung Süden fahren musste, um dann von den Passatwinden nach Westen getragen zu werden? Ich kann nur vermuten, dass es damals sehr viel mehr Wissen gab, das nirgendwo aufgeschrieben war, als uns heute bekannt ist. Vielleicht hatten ja Seeleute, die in einen Sturm geraten waren, diese kräftige Westdrift entdeckt. Auf jeden Fall scheint Kolumbus gewusst zu haben, dass die Strömungen und Winde auf dem Atlantik im Süden nach Westen führen und im Norden nach Osten – zurück nach Europa.

Kolumbus war auf jeden Fall ein erfahrener Seefahrer, dessen größte Leistung aber wohl darin bestand, seiner Mannschaft ihre Ängste zu nehmen und sie vom Meutern abzuhalten. Erst nach siebzig Tagen ertönte aus dem Ausguck der lang ersehnte Ruf »tierra, tierra!« – »Land, Land!«. Es war der 12. Oktober 1492.

Erst nach Sonnenaufgang wurde ein Beiboot zu Wasser gelassen, um an Land zu gehen. Das Erste, was die Seefahrer dort taten, war, die Fahne des spanischen Königs in den Strand zu bohren und das Land zum Besitz der spanischen Krone zu erklären. Eine Sitte, die merkwürdigerweise von vielen anderen Entdeckern übernommen wurde. Dabei ließen sich die Männer um Kolumbus auch nicht davon irritieren, dass alsbald Eingeborene auftauchten, die die Neuankömmlinge neugierig, aber freundlich begrüßten.

Sie trugen keine Kleider, was Kolumbus zu dem Schluss bringt, dass sie arm sind. Auch stellt er fest, dass sie kein Eisen kennen und keine Waffen. Er schenkt ihnen bunte Mützen und Glasperlen und ist der Überzeugung, dass sie sich wohl leicht zum Christentum bekehren lassen werden. Die Eingeborenen nennt er »Indianer«. Außer Papageien findet er keine Tiere. Und kein Gold, keine Edelsteine.

Dennoch kehrt Kolumbus als gefeierter Held nach Spanien zurück. Am 4. März 1493 erreicht er auf der *Niña* Lissabon, am 15. März Palos in Spanien.

Am selben Tag trifft auch die *Pinta* ein, zu der er während eines Sturms bei den Azoren den Kontakt verloren hatte. Die *Santa Maria* hatte bei Hispaniola (der heutigen Dominikanischen Republik) Schiffbruch erlitten. An Bord der Niña hatte er einige Eingeborene, wenige Bröckchen Gold und Pflanzen. Die waren für ihn und das spanische Königspaar sicher das Unwichtigste, aber aus heutiger Sicht das Bedeutendste: Kartoffeln, Mais, Tomaten, Erdbeeren, Kürbisse und Zucchini, Paprika, Erdnüsse und Avocados. Und noch etwas brachte er mit, das in Europa noch unbekannt war: Die Indianer rollten Blätter, zündeten sie an und rauchten sie. Die Blätter nannten sie Tobaco. Mit Kolumbus kam das Rauchen nach Europa.

Nach dem Unglück mit der *Santa Maria* hatte Kolumbus einen Teil seiner Mannschaft auf Hispaniola zurücklassen müssen. Als er noch im selben Jahr zu seiner zweiten Reise aufbrach, kehrte er dorthin zurück, was mit den damaligen Navigationsinstrumenten ein kleines Kunststück war. Aber es gibt keine Wiedersehensfreude: Alle Spanier sind tot.

Sie hatten versucht, den Einheimischen alles Gold und ihre Frauen wegzunehmen – sie hatten es an jeglichem Respekt fehlen lassen. Für die »Indianer« waren sie damit zu Feinden geworden.

Das war das erste Kapitel einer langen, schrecklichen Geschichte der Beziehung zwischen Indios und Spaniern, wobei die Spanier immer die Rolle der goldgierigen Schlächter spielten, für die das Leben eines Eingeborenen keinen Wert besaß.

Kolumbus fuhr fort, von Insel zu Insel zu segeln und die spanische Fahne in den Sand zu stoßen. Vier Reisen unternahm er insgesamt. Offenbar hatte er niemals Angst, dass der große Khan oder der Kaiser von China etwas dagegen haben könnte, dass er alles Land für Spanien in Besitz nahm. Viele Geschichtswissenschaftler nehmen an, dass Kolumbus bis zu seinem Tod glaubte, in Indien gelandet zu sein. Es stellt sich allerdings die Frage, warum er keinen Brief vom spanischen König an den Kaiser von China oder den großen Kahn dabei hatte, wie das damals üblich war – und als Geschenke nur Glasperlen und bunte Mützen für einen Herrscher, der in Palästen mit goldenen Dächern lebte.

Jahrhundertelang galt Christoph Kolumbus als der erste Europäer, der seinen Fuß auf den Boden der »neuen Welt« setzte, als der Entdecker Amerikas. Heute wissen wir, dass die Wikinger vor ihm da waren.

1497: Vasco da Gama erreicht Indien

Die Gier nach Profit aus dem Handel mit dem fernen Osten brachte viele Europäer dazu, Geld für lange, unsichere Schiffsexpeditionen zur Verfügung zu stellen. Vasco da Gama brach von Portugal auf, um den Seeweg nach Indien zu finden. Die afrikanische Küste war erforscht, und so wusste man von den gefürchteten »Kalmen«, Regionen nördlich und südlich des Äquators, in denen lange Windstille herrscht und die Segelschiffe wochenlang lagen, ohne vorwärtszukommen.

Vasco da Gama schlägt einen weiten Bogen um Afrika, um die »Kalmen« zu vermeiden, ist 6000 Kilometer, oder 93 Tage auf See, ohne eine Küste zu sehen. Als er dann die Häfen im südlichen Afrika anläuft, weil er Wasser und Nahrung braucht, wird er feindselig empfangen. Denn in diesen Häfen sitzen arabische Händler, die keine Konkurrenz wollen. In Kenia in Ostafrika aber trifft er auf einen Sultan, der ihm hilft. Der gibt ihm nicht nur Wasser, sondern auch einen Lotsen, der die Winde im Indischen Ozean kennt und es Vasco da Gama und seiner Mannschaft ermöglicht, in nur 27 Tagen von Ostafrika nach Indien zu segeln.

Da sind sie nun in Indien. Aber der Handel mit Gewürzen und anderen Kostbarkeiten will in Kalkutta nicht so recht in Gang kommen. Denn die Portugiesen haben wenig, dass sie im Austausch bieten können, und die lange ortsansässigen arabischen Händler gönnen ihnen keinen Profit.

Doch obwohl die Ausbeute ihrer langen Fahrt bescheiden ist, wird Vasco da Gama bei seiner Rückkehr nach Portugal gefeiert. Er hat den Seeweg nach Indien entdeckt! Und bei seiner nächsten Reise hat er Soldaten an Bord. Die erobern Kalkutta und machen es zu einer portugiesischen Kolonie, einem Handelsstützpunkt, in dem die Portugiesen die Preise beeinflussen können.

Seine erste Reise begann Vasco da Gama übrigens mit 170 Seeleuten, und nur 55 von ihnen kehrten zurück. Denn die Ernährung an Bord der Schiffe war extrem schlecht. Das Wasser war nach ein paar Wochen in den Fässern von Bakterien verseucht, im Schiffszwieback tummelten sich Maden. Das Hauptproblem aber war der Mangel an frischem Gemüse, vor allem der Mangel an Vitamin C. Infolge dieses Vitaminmangels war auf den Schiffen damals eine Krankheit weit verbreitet: Skorbut.

Skorbut – die Krankheit der Seeleute

Auf längere Schiffsreisen nahm man trockenen Zwieback mit an Bord, Pökelfleisch – das ist Fleisch, das in Salz eingelegt ist –, Rum und Wein. Rum und Wein nicht weil die Seeleute sich so gern betranken, sondern weil das Wasser, das man mitnahm, von so vielen Bakterien bevölkert war, dass man es mit dem Alkohol desinfizieren musste. Um frisches Fleisch zu haben, nahm man sogar lebende Tiere mit an Bord, die man nach und nach schlachtete.

Gemüse und Obst gab es nur am Anfang der Reise. Nach ein paar Wochen war es aufgebraucht. Die Seeleute bekamen zuerst Zahnfleischbluten, dann fielen ihnen die Zähne aus. Ihre Knochen schmerzten, und ihre Wunden wollten nicht mehr heilen. Sie waren müde und erschöpft, hatten Durchfall und Ausschlag. Eine schreckliche Krankheit, an der viele Seeleute starben.

Später fand man heraus, dass Skorbut durch den Mangel an Vitamin C verursacht wird und auch durch die Gabe von Vitamin C geheilt werden kann.

James Cook (1728–1779)

Ein Kapitän, der schon einmal das Deck geschrubbt und die Nächte mit der Mannschaft im dunklen Bauch des Schiffes verbracht hatte – das hatte es vorher noch nicht gegeben. James Cook war der Sohn eines Landarbeiters und konnte kaum rechnen und lesen, als er bei einem Kaufmann in die Lehre gegeben wurde.

Er wurde Schiffsjunge auf einem Kohlefrachter, arbeitete sich hoch, wobei ihm half, dass er äußerst wissbegierig war. Er brachte sich selbst Lotsenkunde bei, Navigation, Vermessungswesen, Astronomie und Mathematik. Er hatte sich schon zum Steuermann hochgearbeitet, als er beschloss, in die königliche Marine einzutreten – als Matrose.

Auf den Schiffen der königlichen Marine ging es schrecklich zu. Unter Deck war es dunkel und stickig, es gab keine Toiletten, die Matrosen mussten sich über die Bordwand entleeren. Das Essen war miserabel, und die Seeleute starben an einfachen Krankheiten, schlechter Ernährung und schlechter Behandlung.

Deswegen machte er alles ganz anders, als er Kapitän war. Er führte immer reichlich Sauerkraut mit, das viel Vitamin C enthält. Skorbut war auf Cooks Schiffen unbekannt. Einmal in der Woche mussten alle an Bord frische Kleidung anziehen, die Hängematten wurden jeden Tag an Deck gebracht und gelüftet. Auf langen Strecken gab es ein Putzprogramm, sodass das Schiff in jeder Woche einmal geputzt war. Dass Untätigkeit die Ursache von Krankheiten ist, davon war Kapitän Cook überzeugt. Die Matrosen werden zuerst den strengen Kapitän verflucht haben, aber dann merkten sie, dass auf Cooks Schiffen viel weniger gestorben wurde als auf anderen.

Weil James Cook nicht nur ein guter Seemann war, sondern auch ein besonders begabter Kartenzeichner und Navigator, wurde er auf eine ganz

besondere Reise geschickt. Ein seltenes astronomisches Ereignis stand bevor: der Venusdurchgang. Dabei schiebt sich die Venus auf ihrer Umlaufbahn vor die Sonne. Man hoffte, dabei wichtige wissenschaftliche Beobachtungen machen zu können. Aber leider konnte man dieses Ereignis nur auf der Südhalbkugel beobachten.

Also wurde ein Schiff ausgerüstet, die *Endeavour*, und James Cook damit beauftragt, in die Südsee zu segeln. Er hatte aber auch noch einen Briefumschlag dabei, den er erst öffnen sollte, wenn der Transit der Venus vorbei war. In diesem Brief stand, dass er nicht nach England zurückkehren, sondern den »Südkontinent« suchen sollte. Dass es einen »Südkontinent« geben müsse, hatten schon die alten Griechen gemutmaßt. Ohne auch nur den geringsten Anhaltspunkt dafür zu haben.

Andere Seefahrer waren schon vor Cook durch den Pazifik gesegelt und hatten immer nur einzelne Inseln entdeckt. Aber bei Cooks Reise ging es nicht nur um Wissenschaft, obwohl etliche Wissenschaftler mit an Bord waren und Beobachtungen machten. Es ging auch darum, neue Kolonien für England zu finden. Denn Spanier und Portugiesen verdienten viel Geld mit ihren Kolonien, und das wollten die Engländer auch. Besonders einfach kam man an Kolonien, indem man Land neu entdeckte, dort seine Flagge hisste und das Land als sein Eigentum erklärte. Ob dort schon Menschen lebten, spielte keine Rolle, solange es keine Europäer waren.

So entdeckte Cook Neuseeland und Australien. Australien hat seinen Namen übrigens von diesem sagenumwobenen »Südkontinent«, der auf lateinisch »terra australis« heißt. Der Ort, wo Cook zuerst in Australien an Land ging, heißt heute »Botany Bay«, weil dort die Botaniker eine Unmenge neuer, unbekannter Pflanzenarten entdeckten. Auch die dort lebenden Tiere waren für die Engländer neu. Cook segelte die ganze Ostküste Australiens entlang, und es schien ihm, als gäbe es auf diesem Kontinent so gut wie keine Menschen.

Das ist gut nachzuvollziehen. Denn es lebten damals wirklich nicht viele Aborigines (das heißt eigentlich Eingeborene, wird aber nur für die Ureinwohner Australiens verwendet) in Australien. Außerdem hinterlassen Aborigines kaum Spuren in der Natur. Sie bauen keine Hütten, haben keine festen Siedlungen. Nur ganz selten findet man an Felsen Zeichen, die zum Beispiel den Weg zu einer Wasserstelle zeigen.

Aber war Australien wirklich die einzige große Landmasse auf der Südhalbkugel? Auf seiner zweiten Reise fuhr Cook noch weiter nach Süden. Ob er dabei die Antarktis entdeckte oder nur Eis und Nebel sah, ist umstritten. Sicher hat er nicht ungern wieder Kurs gen Norden gesetzt und den Pazifik erforscht.

Der Pazifik ist das bei weitem größte Meer der Erde. Es hat seinen Namen vom ersten Weltumsegler Magellan. Der hatte gerade die für ihre Stürme bekannte Südspitze Afrikas umsegelt, das Kap der Guten Hoffnung, und ein friedlich daliegendes Meer lag vor ihm; »pacifico« bedeutet friedlich. Dort findet man das, was wir »die Südsee« nennen: weiße Strände mit Palmen, freundlich lächelnde Menschen, die keine Probleme haben, die von Früchten leben und denen die Fische fast in die Pfanne springen. Das Paradies – zumindest in den Augen der Europäer. Cook mochte diese Welt und ihre Einwohner. Zwar nahm er weiter fleißig Insel für Insel in Besitz der britischen Krone, aber das kümmerte weiter niemand, denn für die Bewohner hatte das keinerlei Auswirkungen.

Außerdem war Besitz auch etwas, das für die Südseebewohner keine Bedeutung hatte. Immer wieder kam es zu Konflikten mit den Engländern, weil die Insulaner alles mitnahmen, was sie für interessant hielten. Besonders Eisen und andere Metalle waren sehr begehrt. Das kannten sie nicht, stellten aber schnell fest, dass man damit gut Werkzeuge und Waffen machen konnte.

Als Cook nach Hawaii kam, hielt man ihn zuerst für einen Gott, weil eine alte Sage weissagte, dass die Götter eines Tages auf einer schwimmenden Insel voller hoher Bäume zurückkämen – tatsächlich sehen Segelschiffe ja ein bisschen so aus. Weil Cook und seine Mannschaft weit gesegelt waren, gingen sie für längere Zeit an Land, erholten sich, frischten ihre Vorräte auf und genossen für einige Zeit das Leben im Paradies. Da wunderten sich die Hawaiianer schon, dass die Götter so einen gesegneten Appetit hatten.

Als Cook weitersegelte, kam ein Sturm auf. Sein Schiff wurde schwer beschädigt, die Masten brachen. Er musste zurück. Aber der Empfang war nun gar nicht mehr freundlich. Trotzdem benahm man sich wie zuvor: Als die Insulaner ein Boot stahlen, nahm man einen Häuptling gefangen, um ihn gegen das Boot einzutauschen – es war das übliche Verfahren, das normalerweise damit endete, dass das Diebesgut freundlich lächelnd zurückgegeben wurde. Doch diesmal war es anders. Es kam zu Handgreiflichkeiten, und die Engländer feuerten ihre Gewehre ab. Als James Cook sich zu seinen Männern umdrehte und das Zeichen zum Einstellen des Feuers gab, traf ihn ein Keulenschlag, dann noch einer. Er taumelte, sank im knietiefen Wasser hin und starb.

James Cook hat in seinem Leben mehr Länder entdeckt als je ein Mensch vor ihm. Für seine Mannschaften aber war er vor allem ein Held, weil auf seinen langen Seereisen kaum noch Todesfälle vorkamen. Vor Cook war beim Auslaufen eines Schiffes sicher, dass mindestens ein Drittel der Mannschaft nicht zurückkommen würde. Durch Cook mussten Entdeckungsreisen zur See keine Todeskommandos mehr sein.

Die Suche nach dem besten Weg nach Asien geht weiter

Auf seiner letzten Reise hatte James Cook auch die Aufgabe bekommen, nach einem Weg zu suchen, auf dem man nach Asien kam, ohne die lange und gefährliche Route um Afrika zu nehmen. Schon mehrere Entdecker hatten versucht, das Meer nördlich von Kanada zu durchqueren, waren aber immer von Eisbarrieren aufgehalten worden. Einige blieben mit ihren Schiffen stecken und kamen in der Kälte ums Leben. Cook versuchte, vom Pazifik aus die Beringstrasse zwischen Sibirien und Kanada zu durchqueren, kam aber auch nicht weit.

Weil die Nordwestpassage nicht zu finden war, versuchte man den Kurs nach Osten, nördlich an Sibirien vorbei. Einer von denen, die diese »Nordostpassage« suchten, war der Holländer Willem Barents.

Willem Barents – Überleben im arktischen Winter

Es wird von einem Brief berichtet, den Willem Barents in der Hütte hinterließ, in der er und seine Mannschaft den arktischen Winter des Jahres 1596–97 verbrachten. Leider weiß ich nicht, ob dieser Brief tatsächlich existiert und, wenn ja, wo er zu finden ist. Deshalb habe ich mir, nachdem ich über sein Schicksal gelesen hatte, ausgedacht, was da darin wohl stand.

97

12. Juni 1596

Morgen brechen wir endlich auf. Einige der Männer fanden es schon vor Wochen an der Zeit, das behoudenhius, unsere Schutzhütte, zu verlassen. Aber wir hatten schlechteste Erfahrungen mit dem Eis gemacht. Und so hörte die Mannschaft Gott sei Dank auf mich, als ich riet zu warten, bis das Eis vollständig aufgebrochen wäre.

Auch wenn unser Aufenthalt hier in dieser Hütte zu Ende geht, sind wir noch nicht gerettet. Drei von uns haben nicht mehr lange zu leben, auch ich bin recht schwach. Man wird mich in die Jollen tragen müssen. Die anderen quälen sich mit schrecklichen Knochenschmerzen, vielen sind die Zähne ausgefallen.
Deswegen will ich hier unsere Geschichte aufschreiben, damit der, Finder dieser Zeilen weiß, wer wir waren, und unserer gedenkt.

Es war meine furchtbare, gottverdammte Sturheit, die mich und die Männer in diese schreckliche Lage gebracht hat. Hätte ich nicht einfach die bekannten Meere segeln können, oder, wenn ich schon unbekannte Küsten zu erforschen begehrte, die Südmeere wählen können, wo Pfeffer und Muskat den Kaufleuten dicke Bäuche und prächtige Häuser in Amsterdam bescheren?

Schon zu Hause auf Terschelling liebte ich die kühle Brise, freute ich mich, wenn der Wintersturm mir kalte Backen machte. Weil Spanier, Portugiesen und Engländer ihre Handelswege notfalls auch schon einmal mit einem Kanonenschuss verteidigten und wir Holländer somit nur schwer Handel treiben konnten, war es für mich nicht schwierig gewesen, die Pfeffersäcke in Utrecht, Amsterdam und Haarlem dazu zu überreden, nach einem Seeweg nach China und Hinterindien zu suchen, der im Norden an Russland vorbeiführte – die Nordostpassage.

Meine ersten beiden Reisen nach Norden endeten am 77. nördlichen Breitengrad.
Ich musste an der Packeisgrenze umkehren – zurück nach Holland, ohne etwas erreicht zu haben. Damals war mein Zorn groß, ich verfluchte die Eisbarriere, die mich hinderte, meinem Ziel näher zu kommen. Heute weiß ich, ich hätte dankbar sein sollen, es als Warnung nehmen vor dem Unglück.

Auch alle anderen Warnungen des Schicksals habe ich in den Wind geschlagen. Als die niederländischen Provinzen eine weitere Reise nicht finanzieren wollten, als wir nur durch einen Haufen Amsterdamer Pfeffersäcke das Geld zusammenbekamen – alles Zeichen. Auch dass wir vierzehn Tage lang widrige Winde hatten und aus dem Bereich der westfriesischen Inseln nicht fortkamen, hätten wir als Zeichen verstehen sollen und in den Heimathafen segeln statt nach Norden! Aber ich musste ja so verdammt stur sein!

Spitzbergen war dennoch wunderschön. Grün war es da, obwohl es so weit im Norden liegt. Hirsche und Rehe lebten dort, und wir fanden viele Gänseeier. Eine warme Meeresströmung von Süden scheint dafür verantwortlich zu sein. Aber wir erfuhren auch, dass hier die Bären keine Angst vor Menschen haben und wir mit unseren Waffen ihnen mit ihrem dicken Fell kaum beikommen können. Sie sollten unsere ärgsten Feinde werden, besonders später, als zu ihrer Neugier noch der Hunger kam und wir für sie nur noch ersehnte Beute waren – wie sie für uns, obwohl uns ihr Fleisch nicht gut bekam.

Von Spitzbergen fuhr Kapitän Rijp Cornelysson nach Norden, mein Kapitän van Heemskerk nach Nordosten. Eigentlich war ja ich der erfahrenere Kapitän, aber die Pfeffersäcke hatten mich wegen meiner Sturheit, der verdammten, nur zu seinem Lotsen gemacht. Jakob folgte freilich in allen Dingen meinem Rat. So versuchten wir, nicht, wie zuvor, südlich an Nowaja Semlja vorbeizufahren, sondern nördlich davon.

Am 18. Juli umfuhren wir voller Vorfreude auf die Entdeckung der Nordostpassage die Nordspitze der Insel, gewärmt von der warmen Sommersonne. Trotzdem kamen wir bald zum Stehen: Vor uns lag eine Grenze aus Eis. Rechts und links, so weit das Auge reichte: Packeis. Dicht und fest, unüberwindbar für uns. Manchmal tat sich ein Riss im Eis auf, dem wir folgen konnten, aber immer erwies er sich als Sackgasse. Aus so einem schmalen Eiskanal wieder herauszukommen, war hohe Seefahrerkunst. Und harte Arbeit für die Mannschaft. Vier Wochen plagten wir uns so ab.

Hier oben wird es schon im August kälter. Bevor wir aufgegeben hätten – ach, hätten wir es nur getan! – habe ich einen Trupp zusammengestellt, der an Land ging und sich über das Eis auf die höchste Erhebung der Insel kämpfte. Ringsum sahen wir Eis, aber das Meer südöstlich war frei. Eine offene Wasserfläche!

Da waren wir wieder voller Hoffnung und setzten den Kurs auf Südost. Wir kamen aber nur sechzehn Meilen weit, bis wir wieder auf Eis stießen. Eisiger Nebel kam auf, und eine stetige Strömung drückte uns an das Eis, sodass wir nur schlecht an der Eiskante entlangfahren konnten. Dazu kamen ungünstige Winde, die das Manövrieren zu einer verdammten Plackerei werden ließen. Endlich beschlossen wir, beizudrehen und Kurs Holland zu segeln. Aber wie wir bald feststellten, war dieser Entschluss zu spät gefasst. In welche Richtung wir auch fuhren – Eis versperrte uns den Weg, so sehr wir auch nach einer Fahrrinne suchten. Wir saßen in der Falle!

Das Unglück nahm seinen Lauf. Ein Sturm kam auf und drückte uns knirschend auf eine Packeisscholle. Immer mehr Schollen trieben heran und machten uns bewegungsunfähig. Dann kam ein Schneesturm auf, der die Schollen immer heftiger gegen das Schiff trieb. Der Rumpf krachte und knirschte, dass wir dachten, das Schiff bräche auseinander. Wir saßen fest im Griffe des Packeises, dann wurde das Schiff hochgehoben wie ein Stück Seife, wenn man die Hände gegeneinander presst. Das Schiff bot keinen sicheren Halt mehr. Wir mussten es verlassen, uns sicheren Schutz suchen und uns auf eine Überwinterung einstellen.

Aber bei all dem Unglück, das uns hierher gebracht hat, hatten wir doch auch Glück. Als wir nach einer geschützten Stelle suchten, an der wir eine Schutzhütte errichten könnten, fanden wir einen großen Stapel Treibholz, gesägte Balken und Bretter wie auch rohe Stämme und Wurzeln. Hier oben im Norden, wo nichts wächst, das Land das ganze Jahr von Eis bedeckt ist, ein wahrer Schatz!

Aus diesem Holz und Teilen unseres Schiffes bauten wir unsere Schutzhütte auf einem Fundament von 9 x 4 Metern. Drei Türen und ein Schornstein, das Dach machten wir aus Holzplanken, über die wir Segeltuch spannten. Zum Schutz gegen Wind und Feuchtigkeit teerten wir das ganze Gebäude. Als die Hütte nach sechs Wochen endlich fertig war, hätten wir wohl gern gefeiert. Aber die Kälte und die Erschöpfung kosteten unseren Schiffszimmermann, der so unermüdlich für unser Winterquartier gearbeitet hatte, das Leben. Wir fanden eine sandige Stelle am Strand, wo wir ihn notdürftig verscharren konnten, überall sonst war der Boden steinhart gefroren.

Das Haus war gerade rechtzeitig fertig, denn es wurde immer kälter. Wir mussten noch Kojen bauen und den Kamin verbessern, wenn wir nicht zwischen Erfrieren und Ersticken wählen wollten. Einmal versuchten wir, unsere Hemden zu waschen, aber sie froren steif wie Bretter und wir mussten sie so nah ans Feuer bringen, dass sie fast verbrannt wären. Seit wir am 2. November die Sonne zum letzten Mal gesehen hatten, war sie als Wärmequelle ausgefallen.

Bei Ostwind war die Kälte so schlimm, dass wir selbst am Feuer froren. Während unsere Schienbeine fast gegart wurden, bildete sich am Rücken Raureif. Auch die Kojen waren von einer zwei Zentimeter dicken Eisschicht bedeckt.

Die Kälte verursachte schon genug Schmerzen. Aber weil wir hungerten, kam noch dazu, dass uns die Haare und Zähne ausfielen und uns die Knochen im ganzen Leib wehtaten. Als der Kamin gerichtet war, konnten wir dennoch oft nur ein kleines Feuer machen, weil eisige Schneestürme uns daran hinderten, die Hütte zu verlassen. An klaren Tagen konnten wir Brennholz holen und Polarfüchse jagen, deren Fleisch schmackhaft ist. Vor den Bären mussten wir uns in Acht nehmen. Nur ein Schuss aus nächster Nähe kann ihr dichtes Fell durchdringen.

Unsere Vorräte gingen zur Neige, auch wenn wir noch ein Fass Zwieback aus dem inzwischen vom Eis zerdrückten Schiffsrumpf bergen konnten. Claas Ruiters und Pit Nijsen sind an Hunger und Entkräftung gestorben. Wegen des Sturms konnten wir sie für einige Tage nicht aus der Hütte schaffen. Trotz der Kälte setzte die Verwesung ein, und es stank. Ein christliches Begräbnis konnten wir ihnen nicht zuteil werden lassen. Nachdem wir einige Choräle gesungen und gebetet hatten, ließen wir sie – dürftig mit Schnee bedeckt – draußen zurück.

Danach hielt uns wieder wochenlang ein Sturm in der Hütte fest. Die Männer versuchten, sich mit Knochenschnitzen, Singen und Verschönerungsarbeiten an unserem bescheidenen Heim die Zeit zu vertreiben. Wenn es hier in der Arktis Blumen gegeben hätte, hätten sie bestimmt unsere Hütte geschmückt. Wir hatten eine besondere Methode entwickelt, nach der Windrichtung zu schauen. Wir banden ein Stoffstück an eine lange Stange und hielten sie zum Kamin hinaus. Wir mussten aber schnell sein, denn binnen kurzem war das Stoffstück zu Eis erstarrt und bewegte sich nicht mehr im Wind.

Als der Sturm nachließ, konnten wir die Türen nicht mehr öffnen, so hoch lag der Schnee. Nur durch den Kamin konnten wir ins Freie. Wie einige andere konnte ich nicht mit nach draußen, weil ich zu schwach war. Alle wurden wir von Kälte, Hunger und Schmerzen gequält, dennoch gab es nie Streit. Im März sahen wir die Sonne wieder, und im April konnten wir uns fast täglich in der Sonne wärmen. Den Männern und mir ging es besser. Wir holten das, was von unserem Schiff übrig geblieben war. Das Holz nutzten wir als Brennmaterial oder um die Jollen auszubessern, mit denen wir morgen in See stechen wollen.

Wir kamen von Holland und wollten nach China segeln. Getrieben von der Sucht nach Ruhm und Reichtum – für uns selbst und für unser Land. Nun hoffen wir um unser nacktes Leben. Solltest du, Reisender, der es dich auf diese verdammte Insel verschlagen hat, diese Zeilen finden, bete für unsere Seelen. Möge dir ein besseres Schicksal beschieden sein als uns!

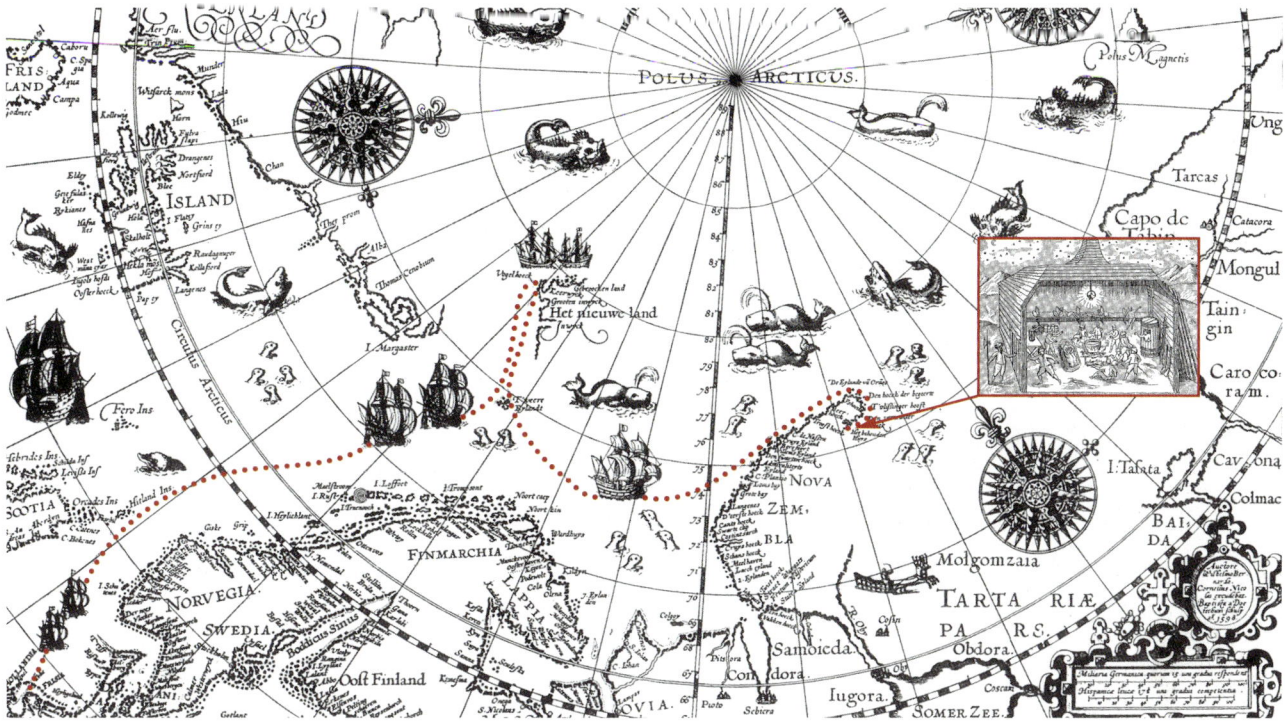

Der Ausschnit aus der Polarkarte von Willem Barents (1598) zeigt den Weg seiner dritten Fahrt von Holland aus.

Mit ihren Booten gerieten die völlig entkräfteten Männer immer wieder in Stürme, mussten Eisbarrieren überwinden und ihre Boote kilometerweit über das Eis schleppen. Barents war schon zu entkräftet, um dabei zu helfen. Eines Tages ließ er sich einen Schluck Wasser geben, verdrehte die Augen und starb. Die Mannschaft war voller Trauer, denn alle wussten, dass es ihm und seinem eisernen Willen zu verdanken war, dass sie den Winter überlebt hatten. Nach zwei Monaten voller Strapazen und Abenteuer erreichten sie wieder von Menschen bewohntes Gebiet. Sie hatten den arktischen Winter überlebt. Das Seegebiet bei Nowaja Semlja bekam später den Namen Barentssee.

Inzwischen sind sowohl die Nordwestpassage wie auch die Nordostpassage gefunden und befahren worden. Für die Schiffahrt sind sie nicht mehr so interessant, seit es den Panamakanal und den Suezkanal gibt. Und immer öfter gibt das Eis im arktischen Sommer den Seeweg frei, weil die Erwärmung der Erde es schmelzen lässt.

Alexander von Humboldt (1769–1859) entdeckt Amerika zum dritten Mal

Eigentlich war er nicht besonders gesund, und doch hat er Dinge überstanden, die viele andere umgebracht hätten. Als er mit dem Entdeckungsreisenden Georg Forster eine Reise den Rhein hinunter und über den Ärmelkanal bis nach England machte, stellte er fest, dass Reisen seiner Gesundheit guttat. Er beschloss Entdeckungsreisender zu werden. Dank einer beträchtlichen Erbschaft konnte er diesen Entschluss auch verwirklichen.

In seiner Zeit waren die Entdecker, Erfinder und Wissenschaftler die Helden. Fabriken entstanden, Eisenbahnen wurden gebaut – die Welt war im Aufbruch, und neue Welten wollten entdeckt werden. Zusammen mit Aimé Bonpland, einem Pflanzenkundler, der sein Freund und Reisegefährte werden sollte, brach er nach Südamerika auf.

Humboldt nahm nicht nur die neuesten und raffiniertesten Messgeräte und wissenschaftlichen Instrumente mit auf seine Reise. Er war auch seit frühester Jugend neugierig, wusste alles über Insekten, Steine und Pflanzen. Er ist nie zur Schule gegangen. Aber die Bildung, die er und sein Bruder Wilhelm durch einen Hauslehrer vermittelt bekamen, war besser als das, was er in den damaligen Paukanstalten gelernt hätte. Vor allem bekam er auch die Ideen der Aufklärung mit. Ideen, die mit demokratischer Teilhabe am politischen Leben zu tun hatten, mit Bildung für alle, mit freien Gedanken und freiem Schreiben, wurden für ihn zur damals gar nicht so selbstverständlichen Selbstverständlichkeit.

Er war davon überzeugt, dass nicht das Diskutieren in den Salons, das Philosophieren über das Wesen der Dinge im Mittelpunkt der Wissenschaft stehen sollten, sondern das Beobachten, das genaue Hinschauen, das unermüdliche Sammeln von Daten. So hat er auf seinen Reisen ständig die Position bestimmt: Längen- und Breitengrad, die Temperatur, den

Luftdruck, das Magnetfeld der Erde. Er hat Steine gesammelt und Pflanzen, Wasserproben genommen und Tierknochen präpariert. Danach versucht er, seine Beobachtungen in einen Zusammenhang zu bringen. Zum Beispiel wollte er herausfinden, welche Pflanzen in welchem Klima wuchsen, welche Tiere sich von ihnen ernährten und welche Rolle zum Beispiel der Boden spielte.

Auch wenn man das Innere eines Kontinents entdecken will, sind zuerst Schiffe und Boote das geeignete Transportmittel. Humboldt und Bonpland reisen den Orinoko, einen der größten Flüsse Südamerikas, hinauf. Zuerst sind sie begeister: *»Überall, wo wir hinkommen, sind wir die Ersten«*, schreibt Humboldt in sein Tagebuch – die ersten Europäer, meint er. Denn den Indios ist das Land natürlich längst bekannt.

Aber die Reise ist voller Strapazen: *»Vier Monate hindurch schliefen wir in den Regenwäldern, umgeben von Krokodilen, Boas und Jaguaren. Nichts genießend als Reis, Ameisen, Maniok (eine Süßkartoffel) und Wasser aus dem Orinoco und manchmal etwas Affenfleisch. Wegen der Mosquiten (Stechmücken), die die Luft verfinstern, ist es fast unmöglich, am Tageslicht zu schreiben. Man kann die Feder nicht ruhig halten, so wütend schmerzt das Gift der Insekten. Alle unsere Arbeit musste daher beim Feuer in einer indianischen Hütte vorgenommen werden, wo kein Sonnenstrahl eindringt, und in welcher man auf dem Bauche kriechen muss. Hier aber erstickt man wieder vom Rauch, wenn man auch weniger von den Mosquiten leidet.«*

Bonpland und Humboldt kehren mit Stapeln von Tagebüchern voller Aufzeichnungen und Messungen nach Europa zurück, bringen Kisten über Kisten mit Gesteinsproben, Insekten- und anderen Tierpräparaten, gepressten Pflanzen, indianischem Handwerk und sogar Wasserproben mit nach Hause.

Das Auswerten aller Aufzeichnungen hat dann Jahre gedauert. Vor allem war Humboldt aber daran gelegen, sein Wissen und seine Einsichten zu verbreiten. Er schrieb Tausende von Briefen, hielt Vorträge und besuchte die Pariser Salons, um dort von seinen Abenteuern zu erzählen. Später in Berlin hielt er Vorlesungen über die verschiedensten wissenschaftlichen Themen, die jedermann besuchten konnte und die äußerst beliebt waren. In einem mehrbändigen Werk, dem »Kosmos«, versuchte er, das ganze Wissen seiner Zeit aufzuschreiben.

Das war sicher der letzte Versuch, das zu tun. Denn danach gab es immer öfter und immer häufiger Berichte von Entdeckungsreisen. Das Innere Afrikas wurde erforscht, die Quellen des Nil gefunden. Immer neue Berichte gab es aus Arabien und Asien. Humboldt selbst beteiligte sich an der Entdeckung Sibiriens. 1909 erreichten Peary und Henson zusammen mit Inuit unter Führung von Chief Huutaaq den Nordpol. 1911 war Amundsen der erste Mensch am Südpol.

Spätestens seit es Satelliten gibt, die die Erde ständig fotografieren, gibt es keine weißen Flecken auf den Landkarten mehr. Aber sicher gibt es einige Fleckchen Erde, die noch nie ein Mensch betreten hat. Zwar werden heute keine Entdecker mehr gefeiert, und im Fernsehen und in den Zeitungen sind sie nicht mehr die großen Helden abenteuerlicher Geschichten. Dennoch sind zum Beispiel überall auf der Welt Geologen unterwegs, die nach Bodenschätzen suchen und nach Hinweisen auf die Geschichte der Erde. Archäologen finden Siedlungen aus alten Zeiten, Biologen erforschen noch unbekannte Tier- und Pflanzenarten und untersuchen deren Lebensräume, die von Zerstörung bedroht sind. Völkerkundler, Geophysiker, Vulkanologen, Ozeanografen sind überall unterwegs, um immer noch mehr von der Welt zu entdecken. Die Tiefen der Meere sind vielleicht das Spannendste, was auf dem Planeten Erde noch zu erforschen ist. Die gute Nachricht ist, dass es auf der Welt noch viel zu entdecken gibt, die schlechte, dass wir wohl nie behaupten können werden, alles über die Welt zu wissen.

Wie hat sich
das Leben entwickelt?

Die Entdeckung des Kleinen und Kleinsten

Für Antoni van Leeuwenhoek (1632–1723) war sein erstes For-schungsobjekt sehr naheliegend. Wie die meisten seiner Zeitgenossen Ende des 17. Jahrhunderts trug er eine Perücke, gepudert und mit vielen eingedrehten Locken. Das war damals Mode, ebenso der Gebrauch von sogenannten Flohgläsern. Das waren Vergrößerungsgläser, Lupen oder auch Instrumente mit mehreren Linsen. »Flohgläser« deshalb, weil man einfach in seine Perücke griff und ziemlich schnell einen Floh fand, denn Flöhe gediehen unter den Perücken prächtig.

Woher die Flöhe kamen, war den Menschen damals klar: Flöhe und anderes Kleingetier, so dachten sie, entstehen aus Staub und Dreck. Und Fliegen werden aus Müll geboren. Das kann jeder leicht ausprobieren: Einfach den Müll ein paar Tage liegen lassen, dann summt und brummt es vor lauter Fliegen. Und weil die Perücken staubig waren, wimmelte es in ihnen eben von Flöhen.

An diese Theorie der »Urzeugung«, wie man das damals nannte, mochte Antoni van Leeuwenhoek
nicht glauben. Als die Mode, Flöhe durch
Flohgläser zu betrachten, aufkam, war er vierzig Jahre alt. Als gelernter
Tuchhändler konnte er mit einer Lupe gut umgehen, denn die Qualität
von Stoffen prüfte man (wie heute noch) mit einem Fadenzähler, und der
ist auch nichts anderes als eine Lupe.

Für Antoni van Leeuwenhoek wurde der Zeitvertreib, kleine und kleinste
Tierchen oder Pflanzenteile zu betrachten, zur Leidenschaft. Er lernte,
Linsen zu schleifen, und konstruierte selber Mikroskope. Über 500 davon
soll er gebaut haben. Die höchste Vergrößerung erreichte er mit einem
Apparat, der nur eine Linse hatte, die aber sehr gut geschliffen und vor
allem sehr klein war. Bei 270-facher Vergrößerung taten sich für ihn
neue Welten auf, er konnte Dinge entdecken, die vorher noch nie jemand
gesehen hatte.

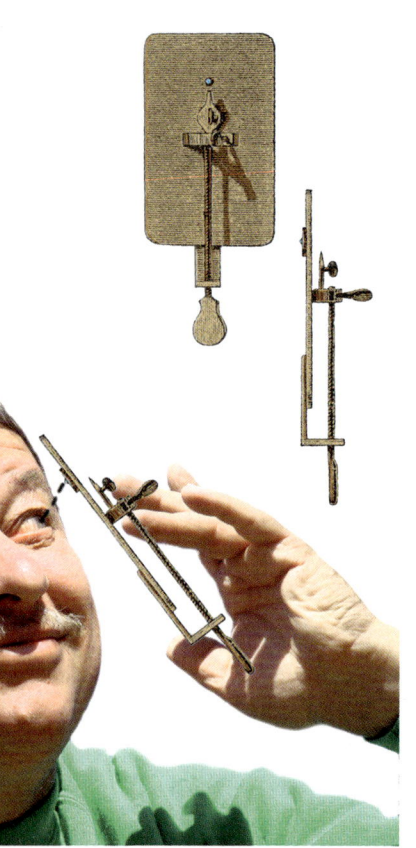

Lupe von Antoni van
Leeuwenhoek, um 1673.

Da waren zunächst die Flöhe. Er hielt sie in seiner warmen Hosentasche
und fütterte sie mit seinem Blut. Leeuwenhoek studierte ihren Körper-
bau, ihre Behaarung, entdeckte Floheier und
beobachtete Flohmännchen beim Begatten
der Weibchen. Er entdeckte Flohsperma und
bewies, dass Flöhe nicht aus Staub und Dreck
geboren werden, sondern sich vermehren wie
größere Tiere.

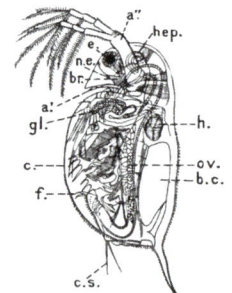

Er schaute sich Pflanzen genau an und fand heraus, dass sie aus Zellen aufgebaut sind. Zellen entdeckte er auch beim Menschen: Muskelzellen zuerst, dann Blutzellen, die er auf ihrem Weg durch die Adern beobachtete. Alles Mögliche schaute er mit seinem Mikroskop an, und was er sah, hielt er in Zeichnungen fest.

Er untersuchte seine eigenen Ausscheidungen und entdeckte dabei die Bakterien. Die fand er auch in seinem Zahnbelag – und in dem seiner Nachbarn. Anfangs wurde seine Leidenschaft sicher belächelt. Er war ja kein gelernter Wissenschaftler und konnte kein Latein, das damals die Sprache der Wissenschaft war. Auf Holländisch schrieb er Briefe an die Royal Society in London, die eher spöttisch aufgenommen wurden. Im ersten beschrieb er einen Schimmelpilz, eine Laus und den Stachel einer Biene. 165 weitere Briefe folgten, die meisten mit hervorragenden Zeichnungen. So erwarb sich van Leeuwenhoek im Lauf der Zeit doch den Respekt der Wissenschaftler. Schließlich machte sich eine Delegation der Royal Society auf den Weg von London

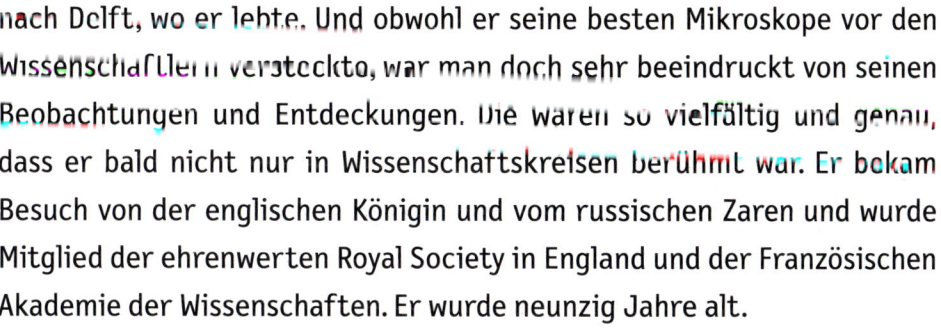

nach Delft, wo er lebte. Und obwohl er seine besten Mikroskope vor den Wissenschaftlern versteckte, war man doch sehr beeindruckt von seinen Beobachtungen und Entdeckungen. Die waren so vielfältig und genau, dass er bald nicht nur in Wissenschaftskreisen berühmt war. Er bekam Besuch von der englischen Königin und vom russischen Zaren und wurde Mitglied der ehrenwerten Royal Society in England und der Französischen Akademie der Wissenschaften. Er wurde neunzig Jahre alt.

Antoni van Leeuwenhoek sah sich selbst als einen guten Beobachter. Große Theorien über das, was er sah, waren nicht seine Sache. Vielleicht erklärt das, warum seine Beobachtungen lange keine Folgen für die Wissenschaft hatten. An die Urzeugung zum Beispiel glaubten Wissenschaftler noch zweihundert Jahre nach seinem Tod. Bakterien wurden erst viel später wieder beobachtet, und bis klar wurde, welche Rolle sie zum Beispiel bei der Entstehung von Krankheiten oder beim Backen und Brauen spielen, vergingen noch einmal Jahre und Jahrzehnte. Das große Verdienst van Leeuwenhoeks war es zu zeigen, dass es in der Welt des Mikrokosmos viel zu entdecken gibt und dass es sich lohnt, genauer hinzuschauen.

Antoni van Leeuwenhoek und andere Forscher seiner Zeit haben nicht nur eine ganz neue Welt von Lebewesen entdeckt, sondern auch den Blick dafür geöffnet, wie vielfältig das Leben auf der Erde ist.

Auch Entdeckungsreisende berichteten von immer neuen, nie gesehenen Tieren und Pflanzen. Versteinerte Knochen wurden entdeckt – offensichtlich von Tieren, die längst ausgestorben waren. Affenarten – Gorillas, Schimpansen, Bonobos – wurden entdeckt, die den Menschen so ähnlich waren, dass man sie Menschenaffen nannte.

Hatte es diese Vielfalt, diese Vielzahl von Arten, immer schon gegeben? Oder verändert sich das Leben auf der Erde? Wie können neue Arten entstehen? Solche Fragen stellte man sich, Fragen, die auch heute noch nicht vollständig beantwortet sind. Am Anfang des 18. Jahrhunderts machte sich der Schwede Carl von Linné daran, eine Ordnung zu suchen, mit der man die Vielfalt der Pflanzen übersichtlicher machen konnte. Er machte Verwandtschaftsverhältnisse unter den Pflanzen aus und ordnete sie zu Familien. Es zeigte sich, dass er recht hatte, wenn er die Blütenpflanzen als die am höchsten entwickelten Pflanzen ansah. Funde in Steinbrüchen zeigten, dass es eine Zeit gegeben haben musste, in der Farne und Moose die Pflanzenwelt prägten.

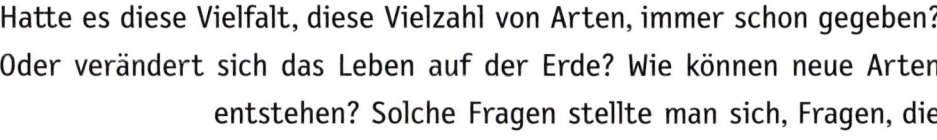

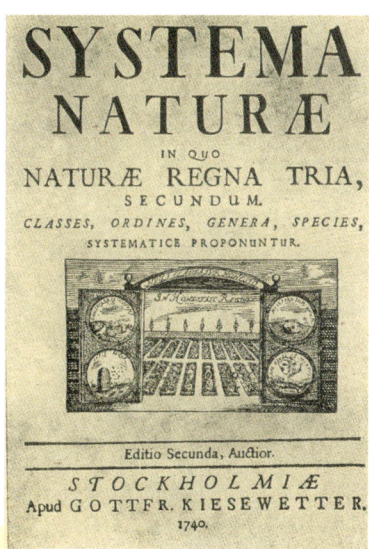

Auch bei den Tieren konnten Gemeinsamkeiten und Verwandtschaften festgestellt werden. Bei manchen Krebsarten kann man schon so etwas wie ein Rückgrat erkennen. Und Fische, Echsen, Vögel und Säugetiere haben eine bewegliche Wirbelsäule gemeinsam. Könnte es also sein, dass Fische die Vorfahren der Menschen sind?

Charles Darwin (1809–1882) entdeckt, wie die Lebewesen sich entwickelt haben

Wie viele andere zu seiner Zeit nahm auch Erasmus Darwin, der Großvater des brühmten Charles Darwin, gerne Versteinerungen von Pflanzen und Tieren unter die Lupe, die man in Bergwerken oder Steinbrüchen gefunden hatte, sogenannte Fossilien. Er kam dabei zu der Überzeugung, dass alle Lebewesen gemeinsame Vorfahren haben mussten. Das hat er bestimmt auch seinem Enkel Charles erzählt und ihn seine Schätze mit der Lupe betrachten lassen.

Charles war sehr an Tieren und Pflanzen interessiert und wollte Arzt werden wie sein Vater. Doch das Sezieren von Leichen fand er ekelig, und auch die Schreie bei den damals üblichen Operationen ertrug er nur schwer. Die Mittel, einen Menschen in Narkose zu schicken, waren nämlich noch nicht entdeckt. Also schrieb Charles sich lieber für das Studium der Theologie ein, damals ein Fach, das für einen naturbegeisterten Studenten nahelag, denn englische Landpfarrer betätigten sich gerne als Naturforscher und streiften mit Schmetterlingsnetz und Botanisiertrommel durch Wiesen und Wälder.

Charles Darwin im Alter von 29 Jahren.

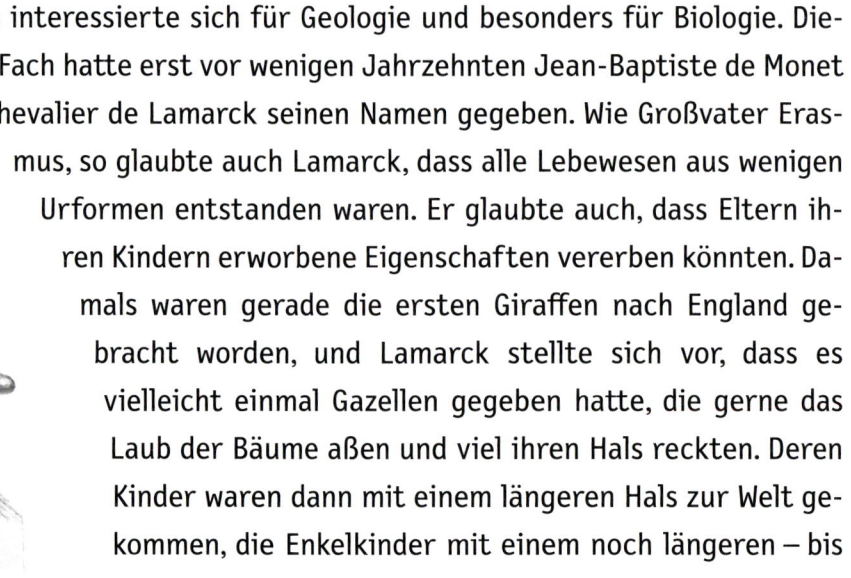

Charles interessierte sich für Geologie und besonders für Biologie. Diesem Fach hatte erst vor wenigen Jahrzehnten Jean-Baptiste de Monet Chevalier de Lamarck seinen Namen gegeben. Wie Großvater Erasmus, so glaubte auch Lamarck, dass alle Lebewesen aus wenigen Urformen entstanden waren. Er glaubte auch, dass Eltern ihren Kindern erworbene Eigenschaften vererben könnten. Damals waren gerade die ersten Giraffen nach England gebracht worden, und Lamarck stellte sich vor, dass es vielleicht einmal Gazellen gegeben hatte, die gerne das Laub der Bäume aßen und viel ihren Hals reckten. Deren Kinder waren dann mit einem längeren Hals zur Welt gekommen, die Enkelkinder mit einem noch längeren – bis die Gazellen in den höchsten Baukronen äsen konnten und Giraffen waren. Diese Theorie wurde später widerlegt. Heute wissen wir, dass der Sohn eines Mannes, der sich Muskelberge antrainiert hat, schon selber Gewichte stemmen muss, um auch ein Muskelprotz zu werden.

Nach seinem Studium hatte Charles Darwin Glück. Die britische Admiralität bereitete ein Schiff für eine große Vermessungsfahrt vor, die *Beagle*. Als Kapitän war Robert FitzRoy ausgewählt worden, ein junger Mann von 26 Jahren. Er suchte einen Reisebegleiter, einen Gentleman, der ihm am Kapitänstisch Gesellschaft leisten sollte. Wissenschaftliche Kenntnisse wären hilfreich, aber nicht notwendig. Charles Darwin war mit seinen 22 Jahren noch lange kein ausgebildeter Wissenschaftler, aber ein Freund riet ihm, einfach einen Stapel Bücher mitzunehmen und auf der Reise durchzulesen.

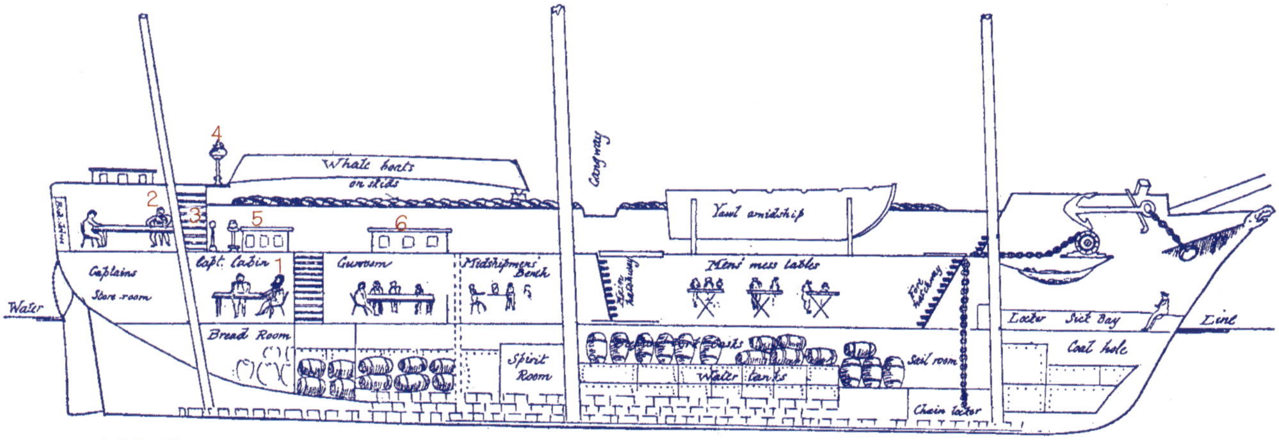

H.M.S. Beagle 1832

1 Mr. Darwin seat in Capt. Cabin
2 Mr. Darwin's seat in Poop. Cabin
3 Mr. Darwin's drawers in Poop. Cabin
4 Azimuth Compass
5 Captain's skylight
6 Gunroom skylight

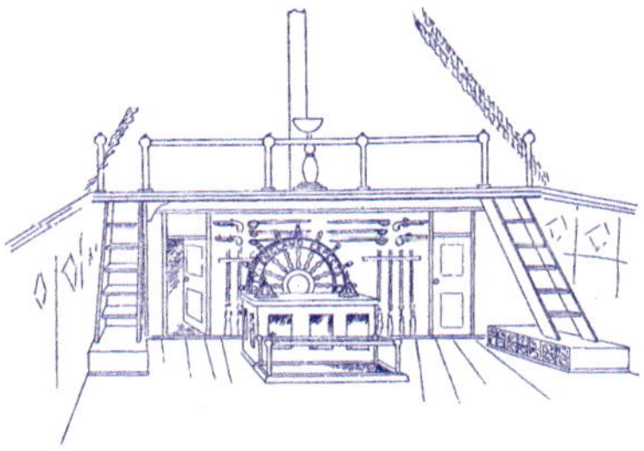

H.M.S. Beagles' Quarter-deck

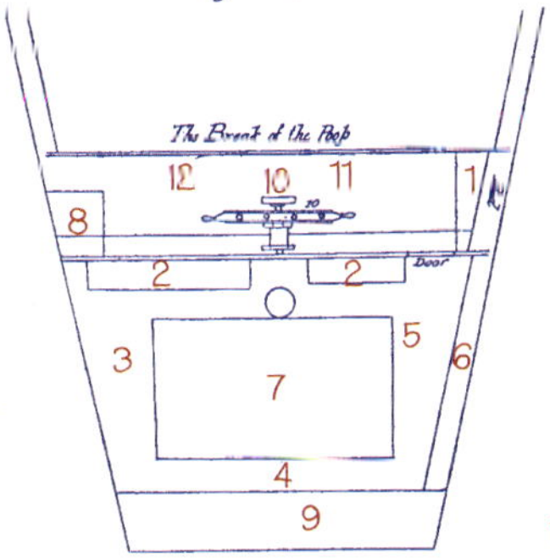

1 Chart Table
2 Mr. Darwin's drawers
3 Mr. Darwin's chair
4 Stokes' chair
5 P.G. King's chair
6 Chart Lockers
7 Stokes' Cabin
8 W. C.
9 Library
10 Wheel, under cover
   of the Break of the Poop.
11, 12 Binnacle, Compasses

Poop Cabin

So wurde Darwin der Geologe, Zoologe und Botaniker auf der Reise der *Beagle*. Diese berühmte Reise dauerte statt der geplanten zwei fünf Jahre und führte das Schiff einmal um die Welt. In Argentinien untersuchte Darwin Fossilien ausgestorbener Tiere, in Chile vermaß er Gebirge, und in der Südsee erforschte er die Entstehung von Koralleninseln.

Die interessanteste Station der Reise war aber sicher der Aufenthalt auf den Galapagosinseln. Diese Inselgruppe, die tausend Kilometer vor Ecuador im Pazifik liegt, war damals vor allem bei Piraten und Walfängern beliebt, die sich dort mit frischem Wasser versorgten. Für Darwin war diese Inselgruppe aus 13 größeren und 40 kleineren Inseln interessant, weil dort besonders viele Pflanzen- und Tierarten heimisch sind. Viele davon sind nur dort zu finden, manche sogar nur auf einzelnen Inseln.

Besonders angetan hatten es Darwin die Finken, die später nach ihm Darwinfinken genannt wurden. Irgendwann musste ein Schwarm Finken von einem Sturm auf die Galapagosinseln geweht worden sein. Im Lauf der Jahrtausende hatten sich dann auf den Inseln dreizehn verschiedene Finkenarten entwickelt, verschieden große und vor allem mit unterschiedlichen Schnäbeln ausgestattete Vögel. Manche hatte lange Schnäbel, um Insekten aus Kakteen zu picken, andere kräftige kleine Schnäbel, um harte Samenschalen zu knacken. Darwin fand sogar Finken, die anderen Vögeln Federn ausrupften, um das austretende Blut auflecken zu können. Vampirfinken nannte Darwin diese Art.

Die *Beagle* brachte nach fünf Jahren eine riesige Menge an Entdeckungen mit nach England, und Darwin machte sich an die Auswertung aller Daten, Beobachtungen und Aufzeichnungen. Wegen einer Krankheit führte er ein zurückgezogenes Leben mit seiner Familie. Er dachte weiter über die Finken nach und darüber, wie die verschiedenen Arten des Lebens wohl entstanden waren. Darwin war ein fürsorglicher, pflichtbewusster Mensch, der sich gerne um seine Kinder kümmerte. Er war alles andere als ein Revolutionär. Es wird Momente gegeben haben, in denen er sich vor dem, was er dachte, fürchtete. Denn in seiner Vorstellung vom Werden des Lebens und der Entstehung der Arten spielte der liebe Gott keine Rolle mehr.

Darwin war zu der Erkenntnis gekommen, dass sich die Arten durch eine langsame Veränderung entwickelt hatten, die er Evolution nannte. Die Kirche lehrte damals, dass Gott alle Lebewesen

erschaffen habe. Ein Bischof wollte sogar das genaue Jahr wissen: 4004 v. Chr. Als die Überreste ausgestorbener Arten gefunden wurden, glaubte man, Gott habe an seiner Schöpfung eben ein paar kleine Korrekturen vorgenommen und gelegentlich einige Arten ausgetauscht.

Darwin war da ganz anderer Meinung. Für ihn waren alle Arten aus wenigen Urformen, Einzellern, entstanden, die sich bei ihrer Vermehrung immer wieder leicht veränderten. Von diesen Veränderungen waren einige für die Lebewesen vorteilhaft: Sie hatten zum Beispiel eine Farbe, die sie vor ihren Feinden verbarg, sodass sie nicht so schnell gefressen wurden. Oder sie konnten schneller laufen und waren deshalb bessere Jäger. Auch wer schwer verdauliche Nahrung besser verdauen kann, hat womöglich einen Vorteil vor anderen. Oder wer sich besser mit seinen Artgenossen verständigen kann. Wer solche Vorteile hat, der hat auch größere Chancen, zu überleben und sich fortzupflanzen.

Darwin sprach vom »survival of the fittest«, was oft mit »Überleben des Stärkeren« übersetzt wird. Was Darwin meinte, war die Überlegenheit dessen, der seine Gene am besten weitergeben und damit vermehren konnte. Er hatte zum Beispiel beobachtet, dass die Anzahl von Fröschen in einem Teich gleich blieb, obwohl darin immer mehr Frösche geboren wurden. Welche überleben da und welche nicht?, überlegte er sich, und die Antwort war: diejenigen, die einen Vorteil vor den anderen haben, die größeren oder kleineren, schnelleren oder langsameren, dunkleren oder helleren Exemplare, je nachdem, was in dem Teich hilft.

Wenn sich die Gene von Männchen und Weibchen vereinen, kommen die Eigenschaften beider Partner zusammen. Die Eltern haben sind ja immer vollständige Lebewesen mit einem kompletten Satz an Genen. Welche Gene, also welche Eigenschaften das Kind von der Mutter bekommt und welche vom Vater, ist dem Zufall überlassen. So kann ein Elternpaar unterschiedliche Kinder bekommen, wobei die Kinder, die nützliche Eigenschaften mitbekommen, im Vorteil sind.

Woher kommen aber diese unterschiedlichen Eigenschaften? Es ist eigentlich ganz einfach: Beim Weitergeben von Genen können Fehler auftreten. Dann sehen die Nachkommen anders aus. So kommt es zum Beispiel vor, dass Frösche mit drei Beinen geboren werden. Solche Veränderungen, man nennt sie auch Mutationen, führen in den allermeisten Fällen nicht dazu, dass das neue Lebewesen einen Vorteil hat. Ein Frosch mit drei Beinen kann dem Storch schlecht entkommen. Aber in seltenen Fällen und wenn man ein paar Tausend oder Hunderttausend Jahre wartet, tritt solch ein Fall ein und bringt eine Veränderung doch einen Vorteil, zum Beispiel ein etwas dunkleres Grün, mit dem sich der Frosch besser verstecken kann. Dieser Frosch lebt dann eher als andere lang genug, um sich zu vermehren.

Aus vielen kleinen Veränderungen sind so über Millionen und Abermillionen Jahre immer neue Arten entstanden. Die Vorfahren der Pferde sahen zum Beispiel wie eine Mischung aus Biber und Fuchs aus – was auch zeigt, dass  die Evolution keine geraden Wege geht und sich nicht auf ein bestimmtes Ziel zu entwickelt. Eine wichtige Rolle spielt dabei auch die Anpassung an die Umwelt. Was ein Vorteil beim Überleben und Weitergeben der Gene ist, hängt von den Umständen ab. Die dunkle Farbe des Frosches wird auf einer hellen Wiese eher von Nachteil sein. Die Fähigkeit des Kamels, viel Wasser zu speichern, wäre im Moor kein großer Gewinn.

Welche Veränderungen vorteilhaft sind, darüber entscheidet die natürliche Auslese. Das bedeutet, dass jede Veränderung, auch wenn sie nur ein kleiner Schritt ist, irgendwie von Vorteil sein muss. So wird es viele Millionen Jahre und viele Mutationen gebraucht haben, bis der Elefant seinen überaus praktischen Rüssel bekam. Der ist heute vielfältig nützlich, er muss aber auch in jedem Zwischenstadium seiner Entwicklung nützlich gewesen sein, sonst hätte in einem dieser Stadien die natürliche Auslese die Weiterentwicklung abgebrochen.

Darwin hatte also entdeckt, dass die Arten durch Mutation und natürliche Auslese entstanden sein müssen. Aber mehr als zehn Jahre hat er gezögert, mit dieser Erkenntnis an die Öffentlichkeit zu gehen. Es sei gewesen, als habe er »einen Mord gestehen« müssen, sagte er später. Erst als sein Kollege Alfred Rusell Wallace eine Schrift veröffentlichen wollte, die fast die gleichen Ideen enthielt, ließ er sich zu einer Veröffentlichung überreden. Darwins Vorteil dabei war, dass er seine Theorie mit seinen Beobachtungen auf Galapagos untermauern konnte.

Charles Darwins Buch vom Ursprung der Arten war an einem Tag ausverkauft – und höchst umstritten. Denn plötzlich wurde kein Schöpfergott mehr gebraucht, um die Vielfalt des Lebens zu erklären. Darwin, der eigentlich alles andere als ein Revolutionär war, hatte ein Buch veröffentlicht, das die Wissenschaft und das Bild des Menschen auf den Kopf oder vielmehr auf die Beine stellte. Was seine Theorie bedeutete, wagte er nur anzudeuten: »Licht wird auf den Ursprung der Menschheit und ihre Geschichte fallen.« Da sollte sich der Leser sein Teil denken, und das geschah auch – mit einem Aufschrei: »Der Mensch stammt vom Affen ab!« Dabei besagte Darwins Theorie genau genommen, dass der erste Vorfahr der Menschen so etwas wie eine Amöbe war.

Darwin als Karikatur aus dem Hornet Magazine von 1871.

Weil Darwin genug Beweise in Form von Beobachtungen und vor allem Fossilien vorlegen konnte, wurde seine Theorie in Wissenschaftskreisen bald anerkannt. Außerhalb der Wissenschaft aber ist er bis heute umstritten. So sollen sechzig Prozent der Amerikaner glauben, dass Darwin unrecht hat. In manchen amerikanischen Schulen ist es sogar verboten, Darwins Evolutionstheorie zu lehren.

Darwin starb 1882 im Alter von 73 Jahren. Seine Schildkröte Harriet, die er aus Galapagos mitgebracht hatte, wurde 176 Jahre alt und starb erst 2006. Obwohl Darwins Erkenntnisse richtig waren, warfen sie doch auch eine Menge Fragen auf: Wie werden Eigenschaften vererbt? Wieso konnte der Anpassungsprozess der Vögel auf Galapagos sich vollziehen, ohne dass die Art vorher ausstarb? Wo ist der Bauplan für ein Lebewesen aufgezeichnet?

Funde von versteinerten Tieren, Fossilien, beantworteten manche Frage danach, wie sich die Entwicklung vollzogen hatte. Der Archaeopteryx,

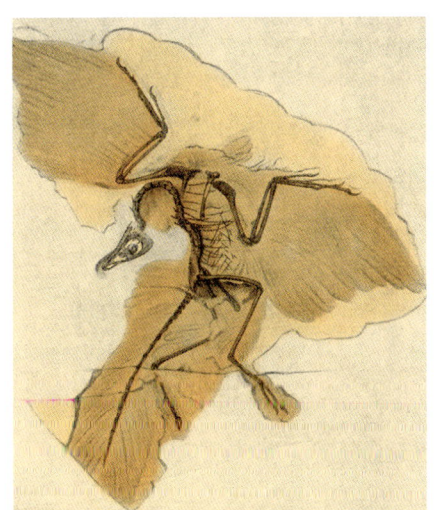

der noch aussah wie ein Saurier aber schon Federn hatte, war einer von diesen Funden: der Beweis dafür, dass die Vögel von den Sauriern abstammen. Wenn ich mir die kleinen Piepmätze im Garten anschaue, kann ich das kaum glauben, aber es ist wissenschaftlich bewiesen.

Gregor Mendel (1822–1884) entdeckt die Gesetze der Vererbung

Darüber, wie Eigenschaften vererbt werden, hatte schon jemand in Österreich geforscht, fast zur gleichen Zeit wie Darwin. Allerdings fanden die Entdeckungen Gregor Mendels kaum Beachtung. Für fast vierzig Jahre gerieten sie in Vergessenheit. Gregor Mendel war ein Augustinermönch, der an Biologie, Chemie und Physik interessiert war und diese Fächer auch an der Schule unterrichtete. Im Klostergarten bestäubte er verschiedene Erbsensorten, rot blühende mit solchen mit weißen Blüten, Sorten mit glatten Samen mit Sorten, deren Samen schrumpelig waren. Er wollte wissen, wie sich diese Eigenschaften in den nächsten Generationen vererben.

Wenn er zum Beispiel rot blühende und weiß blühende Erbsen miteinander kreuzte, waren alle Nachkommen rot blühend, weil das Merkmal rot dominant ist. Dennoch trugen die Nachkommen auch die Erbinformation für weiße Blüten in sich. Das zeigt sich dann in der nächsten Generation, den Enkeln sozusagen. Da gibt es dann wieder weiß blühende, deren Nachkommen auch immer weiß blühen, rot blühende mit allein roter Erbinformation und Pflanzen, die beide Eigenschaften in sich tragen und rot blühen, weil die rote Erbinformation ja dominant ist.

Mendel konnte die Ergebnisse seiner Versuche zwar nicht erklären, aber mathematisch genau vorhersagen, welche Eigenschaften wann sichtbar werden und welche im Verborgenen bleiben, um erst in einer späteren Generation wieder zum Vorschein zu kommen. Bisweilen können sich Eigenschaften auch mischen. So können bei bestimmten Arten die Nachkommen auch rosa Blüten haben, oder rot-weiß gestreifte. Für die Züchter von Pflanzen und Tieren war die Entdeckung dieser Mendelschen Regeln sehr wertvoll, weil sie nun gezielter züchten konnten.

Mendel war Augustinermönch. Im Klostergarten machte er viele Versuche, besonders mit Erbsen.

Leider wurden Mendels Entdeckungen von der Fachwelt lange nicht zur Kenntnis genommen. Als aber um das Jahr 1900 mehrere Wissenschaftler zu gleichen Ergebnissen kamen, wurde Mendels Leistung endlich anerkannt. Nun folgten immer mehr Antworten auf die Fragen, die Mendel aufgeworfen hatte. Durch bessere Mikroskope und ausgefeiltere Färbetechniken wurden die Chromosomen entdeckt: winzig kleine, wurmartige Gebilde, die in jedem Zellkern zu finden sind. Bald wurde bemerkt, dass diese Chromosomengebilde bei männlichen und weiblichen Tieren und Pflanzen unterschiedlich sind. Und als man dann vererbbare Merkmale feststellte, die nur bei Männchen vererbt werden, war klar, dass diese Chromosomen Erbinformationen enthalten.

Die Chromosomen sind es, die die Erbinformation weitergeben!

Es wurde beobachtet, dass die Chromosomen sich verdoppeln, bevor die Zellen sich teilen, damit in jeder Zelle dieselbe Information vorhanden ist. Nach und nach fand man heraus, dass in den Chromosomen sogenannte Gene sind, die eigentlichen Träger der Erbinformation.

Bei den schwarzbäuchigen Taufliegen fand man heraus, welche Gene sich an welcher Stelle auf den Chromosomen befinden. Die nächste Entdeckung war, dass diese Gene auf der sogenannten DNA gespeichert sind. DNA ist die Abkürzung von Desoxyribonukleinsäure. Das A kommt vom englischen Wort »acid«, was »Säure« heißt. Diese Säure ist ein sehr langes Molekül, das aus vielen verschiedenen Bausteinen besteht.

Vier davon sind die wichtigsten: Adenin, Guanin, Thymin und Cytosin (A, G, T, C). Unser Alphabet besteht aus etwa 27 Buchstaben, ein Computer arbeitet nur mit zweien, Null und Eins, genau wie das Morsealphabet, das alle Nachrichten mit kurzen oder langen Signalen übermittelt. Das Alphabet des Lebens besteht aus vier Buchstaben, denn mit der Anordnung der

vier Bausteine wird der Bauplan des Lebewesens aufgezeichnet, dessen Erbinformation in der Zelle, und zwar in jeder Zelle des Körpers, aufgezeichnet ist. Ich habe einmal ein Foto gesehen, auf dem ein Speicherchip abgebildet war, der die unglaubliche Informationsmenge von 20 000 Schreibmaschinenseiten speichern sollte.

Um zu zeigen, wie klein der Chip ist, war auf dem Foto ein Fliegenbein danebengelegt worden, als Größenvergleich. Ich habe keine Ahnung, aus wie vielen Zellen so ein Fliegenbein besteht, aber es sind sicher viele. Und in jeder dieser Zellen ist der Bauplan für eine Fliege zu finden: Ihre Flugkünste, ihre Nahrungsaufnahme, ihr Fluchtverhalten, die Art, wie sie sich vermehrt – all das und vieles mehr ist dort sozusagen programmiert. Wenn man darüber nachdenkt, ist so ein Computerchip doch ziemlich primitiv.

Mit jeder Entdeckung in Zusammenhang mit der Weitergabe des Erbgutes stellten sich neue Fragen. Wie wird die Information über das Lebewesen bei der Zellteilung weitergegeben? Woher weiß eine Zelle, dass sie zum Beispiel eine Hautzelle werden soll? Oder eine Muskelzelle? Bald wurde klar, dass nicht nur die Zusammensetzung der Desoxiribonukleinsäure wichtig war, sondern auch die Anordnung der Atome in dem Molekül, seine Architektur sozusagen. Die Forscher Francis Crick und James Watson mussten viel tüfteln, um das herauszukriegen. Sie hatten zwei Hinweise: Es war aufgefallen, dass Adenin und Thymin immer gleich häufig vorkommt, ebenso wie Cytosin und Guanin.

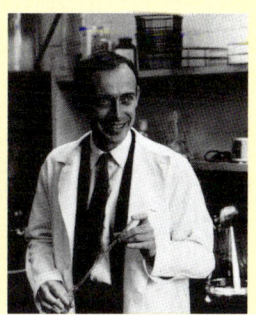

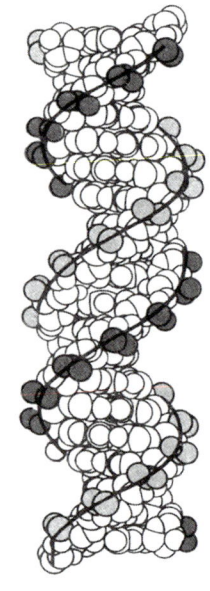

Der zweite Hinweis war ein mit Röntgenstrahlen gewonnenes Bild, das andeutet, dass das Molekül wie eine Wendeltreppe gewunden ist. Eines Morgens hatten Watson und Crick die Lösung: Die DNS ist wie eine doppelte Wendeltreppe angeordnet. Das bedeutet, dass sie sich wie ein Reißverschluss aufmachen kann und dass sich an jeden Strang dann wieder die passenden »Buchstaben« anlagern. So kann sich das DNS-Molekül verdoppeln, und es können sich zwei Zellen bilden, in denen die gesamte Erbinformation enthalten ist. 1962 bekamen Crick und Watson den Nobelpreis für Medizin.

Bei der Zellteilung wird bestimmt, was für eine Zelle entstehen soll. Beim Menschen gibt es 200 verschiedene Typen von Körperzellen mit jeweils ganz bestimmten Aufgaben und Fähigkeiten. Dazu müssen in den Zellen Eiweißverbindungen, sogenannte Proteine, gebildet werden. Davon gibt es etwa eine Million verschiedene Arten in einem Menschen, in einer einzige Zelle manchmal mehr als 10 000. Die Proteine sorgen dafür, dass der Sauerstoff aus der Luft in unseren Körper kommt, die Nährstoffe aufgenommen werden, die Augen sehen und die Muskeln Kraft entfalten können. Und neben tausend anderen Dingen sorgen sie auch dafür, dass wir gesund bleiben.

Deshalb werden die Erkenntnisse aus der Genforschung auch die Medizin grundlegend verändern. Der Text auf der DNA-Doppelhelix hat 3,2 Milliarden Buchstaben. Der muss bei einer Zellteilung kopiert werden. Dabei passieren unglaublich wenige Fehler; etwa drei pro Zellteilung. Bei 100 Billionen Zellteilungen im Laufe eines Menschenlebens kommen allerdings einige zusammen. Die meisten Fehler wirken sich gar nicht aus oder werden vom Körper repariert. Sie können aber auch zu Krankheiten führen, besonders wenn noch äußere Einflüsse wie Gifte, Zigarettenrauch, Infektionen oder Strahlung dazukommen.

Es wird in Zukunft möglich sein, Menschen gentechnisch zu untersuchen und festzustellen, welche Krankheitsrisiken sie haben. Man wird Medikamente maßschneidern können und manch eine Krankheit besiegen können. Täglich gibt es neue Erkenntnisse und neue Möglichkeiten, die allerdings auch immer neue Fragen aufwerfen, zum Beispiel die, ob man auch alles tun soll, was man tun kann. Albert Einstein hat einmal gesagt, dass die Wissenschaft selbst nur feststellen kann, was ist, und nicht, was sein soll. Das müssen schon alle Menschen zusammen herausfinden und entscheiden.

So ist es zum Beispiel möglich, Tiere zu klonen, das heißt, sie aus einem Zellkern wachsen zu lassen, sodass sie genetisch eine genaue Kopie des Elterntieres sind. Das hat man einmal mit einem Schaf gemacht. Allerdings starb »Dolly«, wie man das Tier nannte, schon in jungen Jahren nach vielen Krankheiten. Das zeigt, dass viele Vorgänge in der Welt der Zellen noch nicht richtig verstanden werden – und dass man bei manchen Experimenten längst nicht alle Folgen absehen kann. Das ist bei anderen Experimenten auch so, aber bei Versuchen mit lebenden Wesen darf man eben noch viel weniger leichtfertig drauflosprobieren als sonst.

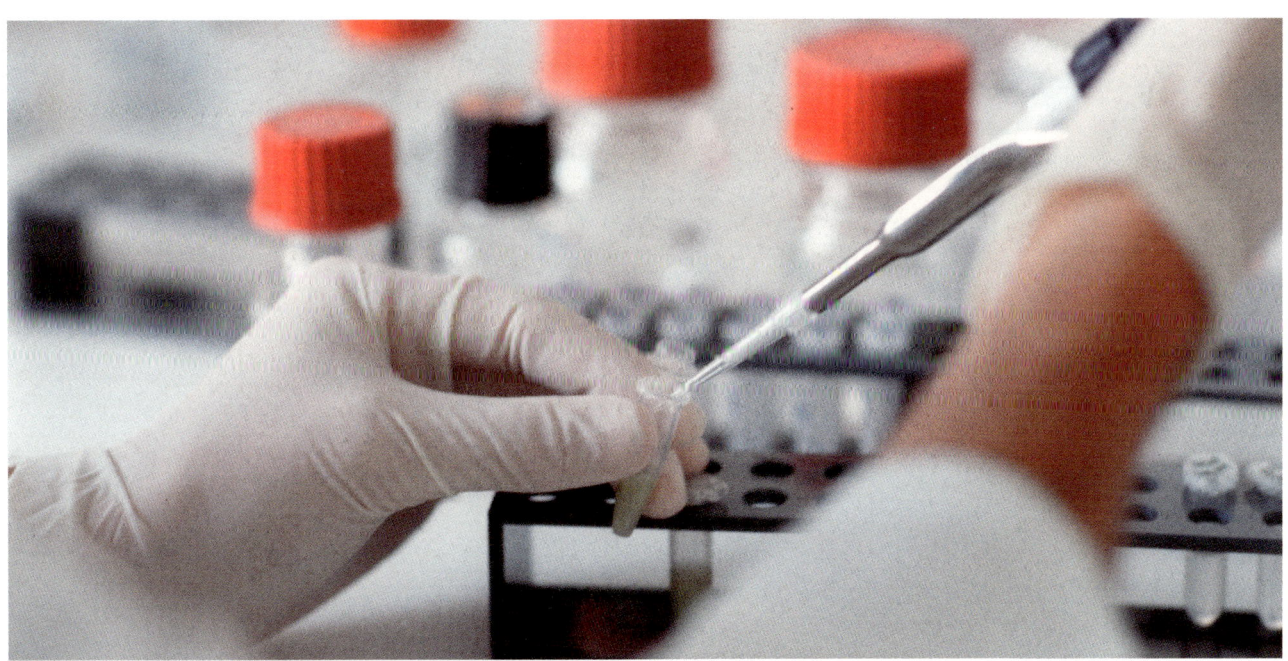

Neue Pflanzen werden nicht mehr, wie bei Mendel, gezüchtet, sondern es werden ihnen in den Genlabors neue Eigenschaften eingebaut. Dabei wird das Erbgut so verändert, dass die Pflanzen mit weniger Wasser auskommen, Fröste besser überstehen oder giftig für Schädlinge werden. Bakterien werden dazu gebracht, Arzneimittel zu produzieren oder Ölteppiche auf See zu fressen. Gentechnisch veränderte Pflanzen scheinen viele Möglichkeiten zu bieten. Aber es ist auch vorgekommen, dass Menschen durch diese Pflanzen krank geworden sind und zum Beispiel Allergien bekommen haben. Oder dass Tiere verendet sind, die von solchen Pflanzen gefressen haben. Darum haben viele Menschen etwas gegen gentechnisch veränderte Lebensmittel und wehren sich gegen den Anbau von gentechnisch verändertem Mais oder Soja. Sie warnen, dass die neuen Gene solcher Pflanzen an andere Pflanzen weitergegeben werden und niemand weiß, ob dabei etwas für Mensch und Tier Schädliches herauskommt.

Ich denke, es ist heute nicht mehr die Frage, ob man für oder gegen Gentechnik ist. Das wäre so, als wäre man gegen die Chemie. Aber es ist nicht nur für die Wissenschaftler wichtig zu entscheiden, was man mit dieser Technik machen will und wann die Produkte der Forschung das Labor verlassen sollen. Ein Problem ist sicher auch, dass die Firmen, die neue gentechnische Produkte entwickeln, sie patentieren und verkaufen wollen. Dabei ist nicht nur problematisch, dass Patente auf Lebewesen gegeben werden, sondern auch, dass Bauern in die Abhängigkeit von Saatgutherstellern gezwungen werden könnten. Die Erforschung des Erbgutes bringt eben, wie beinahe jede Forschung, nicht nur Erkenntnisse und Segnungen, sondern auch Schaden und Gefahren.

Justus von Liebig

Als Charles Darwin seine Evolutionstheorie entwickelte, beeinflussten ihn dabei die Theorien von Thomas Malthus (1766–1834). Der hatte vorhergesagt, dass immer mehr Menschen hungern würden, weil die Bevölkerung stärker wuchs als die Produktion von Nahrungsmitteln. Und wirklich gab es damals große Hungersnöte in Europa. Während im Mittelalter noch reichlich Fleisch gegessen wurde, waren nun Kartoffeln das Hauptnahrungsmittel. Es wird davon berichtet, dass in manchen Familien über dem Esstisch ein Hering aufgehängt wurde, an dem jeder seine Kartoffel rieb, um ein wenig Geschmack an die Knolle zu kriegen.

Man kann sich kaum vorstellen, dass in demselben Europa heute von Nahrungsmittelüberproduktion die Rede ist, von Butterbergen und Milchseen. Heute werden in Europa Bauern dazu überredet, ihre Felder brach liegen zu lassen oder Pflanzen für Treibstoffe anzubauen. Für diese Veränderung, die man wirklich als Revolution bezeichnen kann, ist Justus von Liebig verantwortlich.

Als er als Kind gefragt wurde, was er werden wolle, antwortete er »Chemiker« – und erntete großes Gelächter. Bei »Chemie« dachte man damals an die Alchimisten, an die Suche nach dem Stein der Weisen und die vielen vergeblichen Versuche, Gold zu machen. Als Liebigs Tornister, in dem er einige Chemikalien versteckt hatte, in Flammen aufging, wurde er aus der Schule geworfen.

Justus von Liebig als Student im Jahr 1821.

Sein Interesse für Chemie war brennend, und er bekam ein Stipendium an der Sorbonne in Paris, damals das wichtigste Zentrum der chemischen Forschung.

Justus von Liebigs
Analytisches Laboratorium in Gießen.

Schon mit 21 Jahren wurde er dann Professor für Chemie an der Universität Gießen. Eine wirklich erstaunliche Karriere!

Liebig war sehr fleißig. Unermüdlich erforschte er die Zusammensetzung von Stoffen, ihre Eigenschaften und möglichen Reaktionen mit anderen Stoffen. Unzählige Experimente machte er. Keine, bei denen es knallt und kracht, sondern eher solche, bei denen gemessen und beobachtet wird. In unzähligen Versuchen, auch mit neuen Methoden, erforschte er mit seinen Studenten die Welt der Chemie.

Besonders interessierte er sich dafür, welche Stoffe Pflanzen aufnehmen und welche sie abgeben. Und was passierte, wenn in der Nahrung der Pflanzen bestimmte Stoffe fehlten. Wenn man das ganz genau wüsste, könnte man womöglich mit den Mitteln der Chemie Abhilfe schaffen, anders gesagt: chemische Pflanzendünger entwickeln. Nach jahrelanger intensiver Forschung konnte Liebig schließlich seinen »Superphosphatdünger« präsentieren. Dieser Pflanzendünger wird heute noch in der

Liebig hat viele Entdeckungen gemacht. Zum Beispiel »Liebigs Fleischextrakt«, den Silberspiegel, das Backpulver und einen Vorläufer unserer Babynahrung.

ganzen Welt verwendet. Mit seiner Hilfe konnte die landwirtschaftliche Produktion um mehr als 90 Prozent gesteigert werden. So endete durch die Arbeit Liebigs die Zeit der Hungersnöte in Europa.

Justus von Liebig, 1872.

Dass heute der Einsatz von Chemie in der Landwirtschaft von vielen abgelehnt wird, ist sicher nicht die Schuld von Liebig. Für ihn war es wichtig, die Pflanzen zu beobachten, um so herauszukriegen, was ihnen fehlt. Das gedankenlose Ausstreuen von Dünger oder Ausbringen von Gülle nach dem Prinzip »viel hilft viel«, das die Gewässer belastet, die Böden auslaugt und minderwertige Nahrungsmittel hervorbringt, wäre sicher nicht im Sinne Liebigs.

Und wenn heute jemand als Berufswunsch »Chemiker« angibt, erntet er kein Gelächter, sondern Bewunderung. Auch das ist ein Verdienst von Justus von Liebig.

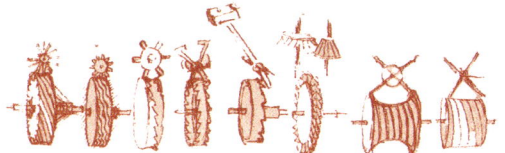

Die Entdeckung
der Maschinenarbeit

Schon den Keramikern in der Steinzeit wird aufgefallen sein, dass Krüge, die nicht ganz durchgetrocknet waren, im Ofen explodierten. Zuerst mögen sie das für göttliche Fügung gehalten, dann werden sie auf gutes Trocknen geachtet haben.

Wasserdampf entsteht schon bei Zimmertemperatur. Das nennt man Verdunstung. Wenn Wasser kocht, geht das sehr viel schneller, und sehr viel mehr Wasserdampf entsteht. Wasserdampf kann man nicht sehen. Was viele als Wasserdampf bezeichnen, nämlich die kleinen Wölkchen über dem Kochtopf, ist gar kein Wasserdampf. Denn Wasserdampf ist, wie Luft, für uns unsichtbar. Der Dampf, den man sieht, besteht aus vielen kleinen Tröpfchen. Das ist aber wieder Wasser in flüssiger Form – als Tröpfchen eben.

Wasser gibt es als Eis, in flüssiger Form oder als Wasserdampf – als Gas. Wenn aus flüssigem Wasser Gas wird, braucht es mehr als tausendmal mehr Platz. Das hat die Krüge der Steinzeitkeramiker zum Explodieren gebracht: eine riesige Kraft, die aber erst sehr viel später genutzt wurde. Das ging erst mit der Dampfmaschine.

Dampfgebläse nach
Philon.

Dampfkochtopf von
Papin, 1681.

Dampfgebläse an einem
Schmelzofen, 1673.

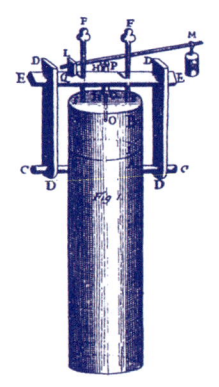

In der Steinzeit war es unmöglich, so etwas zu bauen. Und auch die Schmiede des Mittelalters wären damit überfordert gewesen, dichte Dampfkessel und zuverlässige Ventile zu bauen. Davon abgesehen bestand für so eine Kraftmaschine auch gar keine Notwendigkeit. In der Landwirtschaft wurden zum Wasserpumpen und Dreschen Esel oder Ochsen eingesetzt, wenn die Arbeit für Menschen zu eintönig oder zu anstrengend war. Die erste Dampfmaschine, die gebrauchstüchtig war (1712 von Thomas Newcomen konstruiert), wurde in einem Bergwerk zum Abpumpen von Wasser eingesetzt. Dabei wurde der Unterdruck genutzt, der entsteht, wenn Wasserdampf wieder zu flüssigem Wasser wird.

Fünfzig Jahre später gelang es James Watt, auch die Kraft zu nutzen, die entsteht, wenn umgekehrt flüssiges Wasser zu Wasserdampf wird.

Der hölzene Raddampfer *Clermont* von 1807, den der Amerikaner Robert Fulton konstruierte, wurde mit einer Dampfmaschine von James Watt betrieben.

Damit wurde es möglich, Maschinen anzutreiben, und es begann das, was man später die industrielle Revolution nannte. Dadurch, dass man mit Dampfmaschinen Pumpen betreiben konnte, konnte mehr Kohle gefördert werden. Mit mehr Kohle konnten mehr Dampfmaschinen geheizt werden, die Webstühlen, Schmiedehämmern und später auch Lokomotiven Antrieb verliehen.

Die Arbeitskraft von Menschen und Tieren wurde ersetzt. Zuerst von Dampfmaschinen, die Kohle in Energie verwandelten, später durch Motoren, die die Energie, die in Erdöl steckt, direkt in Wärme und Bewegung umwandeln.

Das hat das Leben der Menschen grundlegend geändert. Seither arbeiten immer weniger Menschen körperlich, also mit der Kraft ihrer Muskeln. Die Entdeckung, dass man Maschinen arbeiten lassen kann, hat die Gesellschaft grundlegend verändert. Um Nahrungsmittel für die Bevölkerung

zu produzieren, werden immer weniger Menschen benötigt. Die Menschen haben mehr Freizeit, können öfter Reisen unternehmen, sich häufiger einkleiden. Seit die Maschinen für uns arbeiten, scheint es uns besser zu gehen.

Es gibt aber auch Nachteile: Damit die Maschinen arbeiten können, brauchen sie Energie. Die entsteht in den allermeisten Fällen durch Verbrennen von Kohle oder Erdöl. Aber auch wenn man Rauch inzwischen gut reinigen kann, wird dabei in jedem Fall Kohlendioxid freigesetzt, das sich in der Atmosphäre anreichert, was dazu führt, dass das Klima der Erde immer wärmer wird. Das klingt zwar zunächst für uns im kühlen Mitteleuropa ganz gut, führt aber zu immer mehr Wetterkatastrophen und zum Ansteigen der Weltmeere.

Erdöl und Kohle konnten nur unter ganz bestimmten Bedingungen entstehen. Große Mengen Pflanzen mussten absterben, das Material musste

135

sich in Senken sammeln und von Erdschichten bedeckt werden. Das passierte nur an wenigen Stellen in der Welt und dauerte Millionen von Jahren. Verglichen damit sind die etwa hundert Jahre, in denen wir schon einen guten Teil dieser »fossilen Brennstoffe«, wie man Kohle, Öl und Erdgas auch nennt, verbraucht haben, eine kurze Zeit.

Die Treibstoffe, die die Maschinen für uns arbeiten lassen, gehen also früher oder später zu Ende. Schon in wenigen Jahren, erwarten die Experten, wird weniger Erdöl gefördert, als weltweit gebraucht wird. Das wird sicher dazu führen, dass Öl teuer wird. Und am meisten darunter leiden werden die, die ohnehin wenig haben: der Fischer in Somalia, der sich kein Benzin für seinen Außenbordmotor mehr kaufen kann, der Reisbauer auf den Philippinen, der seine Motorhacke stehen lassen muss und deswegen weniger Felder bearbeiten kann.

Aber auch bei uns wird es zu weniger Lebensqualität führen, wenn immer mehr Geld für Energie bezahlt werden muss. Deswegen werden in der nahen Zukunft die wichtigsten Entdeckungen auf dem Gebiet des Energiesparens und der Erzeugung alternativer Energien gemacht werden müssen. Das werden die Entdeckungen sein, die unser Leben am meisten beeinflussen werden – hoffentlich positiv.

Entdeckungen in der Medizin

Das ist schon merkwürdig: Auf kaum einem Gebiet sind so viele und so wichtige Entdeckungen gemacht worden wie in der Medizin. Dennoch sind berühmte Entdecker auf diesem Feld dünn gesät. Das mag daran liegen, dass die meisten Mediziner nicht nur forschen, sondern auch Patienten haben, um die sie sich kümmern.

Einer, der durch seine Entdeckung bekannt geworden ist, heißt Alexander Fleming (1881–1955). Er war ein fleißiger Wissenschaftler, der viele Versuche machte, um herauszufinden, wie Krankheitserreger eigentlich Krankheiten verursachen. Seine wichtigste Entdeckung kam aber per Zufall zustande. Am Morgen des 28. Septembers 1928 bemerkte er, dass in einer seiner Schalen, in den er Staphylokokken züchtete, etwas anders war. An einer Stelle waren die Bakterien – das sind Staphylokokken nämlich – nicht nur nicht gewachsen, sondern sogar abgetötet worden. Daran schuld war, wie Fleming dann feststellte, ein Schimmelpilz, der als Verunreinigung in das Schälchen geraten war: Penicillium, aus dem dann das Antibiotikum Penicillin hergestellt wurde.

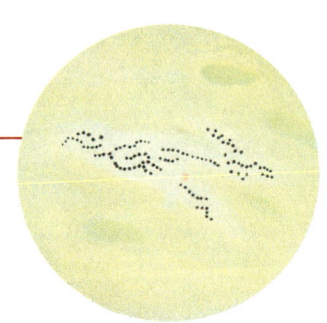

Möglicherweise würde ich gar nicht mehr leben, wenn ich zu der Zeit gelebt hätte, als es noch kein Penicillin oder andere Antibiotika gab. Ich hatte schon einmal eine Lungenentzündung und ein anderes Mal einen eitrigen Zahn. Früher waren das Krankheiten, an denen man sterben konnte. Eine Blutvergiftung, eine Blinddarmentzündung, ein gebrochenes Bein – das alles hätte zum Tod führen können.

Auch hätte ich vor der Mitte des 19. Jahrhunderts nicht operiert werden wollen. Die Krankenhäuser beschäftigten damals sogenannte »Greifer«: starke Männer, die die Patienten während der Operation festhalten mussten, weil die vor Schmerzen laut schreiend um sich schlugen. Es gab nämlich noch keine Narkose, wie wir sie heute kennen. Aber nicht nur deswegen wurde während oder nach der Operation häufig gestorben, sondern auch, weil Skalpelle und andere Werkzeuge der Ärzte häufiger benutzt wurden, ohne dass man sie zwischendurch sterilisierte.

Erst Forscher wie Louis Pasteur (1822–1895) und Robert Koch (1843–1910) entdeckten nämlich, dass Mikroorganismen wie Bakterien, Pilze und Viren Krankheiten verursachen können. Sie können auf vielen Wegen an oder in unseren Körper geraten und so Krankheiten übertragen: über schmutziges Opreationsbesteck, verunreinigtes Wasser, ungewaschene Handtücher oder auch durch ein Händeschütteln. Heute weiß man, dass in Krankenhäusern alles peinlich sauber sein muss, und in Operationssälen sowieso. Alles, was dort benutzt wird, muss vorher von Mikroorganismen befreit werden. Nichts anderes meint »sterilisieren«.

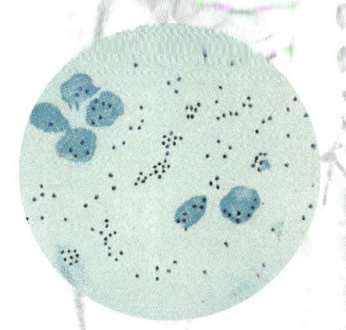

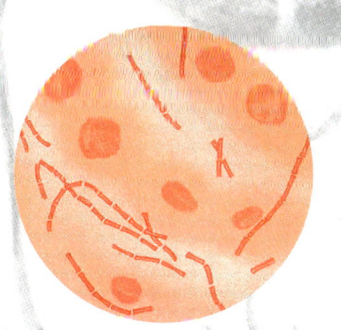

Immer mehr Entdeckungen führten dazu, dass wir immer besser verstehen, warum Menschen krank werden. Das hilft nicht nur, Krankheiten zu heilen, sondern auch, Erkrankungen vorzubeugen.

So kämpfte Robert Koch nicht nur für sterile Operationssäle, sondern auch für eine hygienische Wasserversorgung und für die Einrichtung eines Abwassersystems in Berlin. Heute haben wir viele Erkenntnisse darüber, wie man sich gesund ernährt, wie man seinen Körper in Schuss hält oder was Stress mit uns macht – wir müssen sie nur beachten, dann haben wir gute Chancen, lange zu leben.

Tatsächlich leben wir heute schon länger als unsere Vorfahren, und das haben wir vor allem den Entdeckern im Bereich der Medizin zu verdanken. Im Jahr 1800 wurden die Menschen in Deutschland durchschnittlich nur 28 Jahre alt. 1900 betrug das Durchschnittsalter bei Männern schon 45 Jahre, bei Frauen 48. Im Jahr 2000 waren es bei Männern 75 Jahre, bei Frauen sogar 80 Jahre. Ein enormer Fortschritt! Das Durchschnittsalter wird vor allem dadurch angehoben, dass Säuglinge heute viel seltener sterben und dass man mit Krankheiten wie Krebs oder Herz-Kreislauf-Leiden noch viele Jahre leben kann.

Dennoch bleiben noch viele medizinische Fragen offen und Rätsel zu lösen. Warum zum Beispiel helfen sogenannte alternative Heilmethoden vielen Menschen, obwohl sie es nach der Lehrmeinung der Schulmedizin gar nicht dürften? Die Homöopathie zum Beispiel. Oder die Akupunktur, mit der die traditionelle chinesische Medizin arbeitet. Und wieso wirken Scheinmedikamente, »Placebos«, wie die Mediziner sagen? Weil die Patienten sich einbilden, dass sie wirken? Warum gibt es kein Mittel, das den lästigen Schnupfen (oder Heuschnupfen!) auf einen Schlag kuriert? – Das alles und vieles mehr müssen die Medizinwissenschaftler noch erforschen. So erfolgreich, wie sie in den letzten beiden Jahrhunderten waren, traut man ihnen zu, dass sie es schaffen.

Placebos
Homöopathie
Akupunktur

Die Entdeckung
der menschlichen Seele

Viele Entdeckungen wurden erst gemacht, nachdem die Mittel dafür zur Verfügung standen. Sterne wurden entdeckt, nachdem stärkere Teleskope gebaut waren, Bakterien und Viren durch den Bau leistungsfähigerer Mikroskope. Andere Entdeckungen konnten erst gemacht werden, nachdem andere Entdeckungen sie ermöglichten. So konnte erst richtig mit Elektrizität experimentiert werden, nachdem Alessandro Volta eine Batterie entwickelt hatte.

Um die Geheimnisse der menschlichen Seele zu entdecken, hatte der Nervenarzt Sigmund Freud (1856–1939) nichts als eine etwas umbequem aussehende Couch. Die menschliche Seele und Möbelstücke, auf denen man liegen konnte, gab es schon zur Zeit der alten Griechen. Die griechischen Philosophen forderten schon von ihren Mitmenschen »Erkenne dich selbst!«, und der Philosoph Platon erzählte seinen Schülern folgende Geschichte:

Stellt euch vor, da sitzen Menschen in einer Höhle ...

141

... Sie sind gefesselt und können den Kopf nicht bewegen.

So können sie immer nur auf die Höhlenwand gucken, die dem Eingang gegenüberliegt. Abends, wenn die Sonne tief steht, wird diese Höhlenwand beleuchtet.

Vor der Höhle ist eine Mauer, und hinter der Mauer gehen Leute, die Vasen, Krüge und andere Gegenstände auf dem Kopf tragen.

Die Menschen in der Höhle sehen nur die Schatten, die an die Wand geworfen werden.

Sie bleiben lange in der Höhle und erleben jeden Abend das gleiche Schauspiel. Weil sie nie etwas anderes sehen, glauben sie nach einiger Zeit, die Schatten seien die Wirklichkeit. Denn die Schatten sind ja das, was sie von der Welt wahrnehmen.

Was ist die Wirklichkeit

Ich muss bei dieser Geschichte von Platon immer an Kino und Fernsehen denken, die kannte Platon ja noch nicht. Er wollte zeigen, dass das, was wir für die Wirklichkeit halten, nicht unbedingt die Wirklichkeit sein muss. Woraus sich natürlich sofort die Frage ergibt: »Was ist denn die Wirklichkeit?« Von da an haben sich Philosophen mit dieser Frage beschäftigt und eigentlich keine richtige Antwort gefunden.

Einer von diesen Philosphen war René Descartes (1596–1650). Er lag gern lang im Bett und dachte nach. Viel über Mathematik und auch Philosophie. Einmal war er krank und lag noch mehr im Bett als sonst. Er dachte nach und überlegte, ob nicht alles, was er sieht und hört, schmeckt und riecht, nur ein Traum ist – ein Trugbild wie die Schatten in der Höhle. Alles, was ihn umgibt, was man Wirklichkeit nennen könnte, zieht er in Zweifel. Was bleibt da noch übrig? Eigentlich nichts. Nur – er denkt ja nach. Also muss es ihn geben! »Ich denke, also bin ich!« Mit dieser Entdeckung geht er in die Geschichte ein.

Ich denke, also bin ich!

Wer bin ich? Was ist dieses »Ich«? Descartes denkt weiter nach. Als Mathematiker und Physiker stellt er sich den Menschen als Maschine vor. Einflüsse und Informationen formen ihn und seinen Charakter. Bei sich stellt er fest, dass er schielende Mädchen besonders anziehend findet. Er denkt nach und erinnert sich, dass ein Mädchen, mit dem er als Kind viel zusammen war, schielte. Daher seine Vorliebe, die er daraufhin, da er ja die Ursache erkannt hatte, auch ablegte.

Auch andere Philosophen haben über das Ich, das Denken und den Menschen nachgedacht. Wenn der Mensch ein Ich hat, kann er auch frei entscheiden, wie er sein Leben gestaltet. Er sollte es können! Denn damals, im 17. und 18. Jahrhundert, war der Gedanke an Freiheit auch deswegen so weit verbreitet, weil die Menschen in Europa nicht überall frei waren. Freiheit und Vernunft sollten das Leben bestimmen. Das wünschten sich jedenfalls die Denker nach Descartes. Vernunft bedeutet, alles soll logisch und erklärbar sein. Schluss mit Geisterglauben, Glauben an die Weisheit des Herrschers und für manche Denker auch mit dem Glauben an Gott.

Aber ist der Mensch wirklich vernünftig? Warum verhalten sich die Menschen oft unvernünftig? Wie kann man erklären, dass Menschen sich aggressiv verhalten, Angst vor Spinnen haben, viel Geld für imponierende Autos ausgeben?

Oft kann man Entdeckungen dann machen, wenn etwas nicht so funktioniert, wie es das normalerweise tut. So haben bei der Entdeckung der Ursachen menschlichen Verhaltens die geholfen, deren Verhalten nicht normal war, die Verrückten, wenn man sie so nennen will.

Sigmund Freud war Arzt, der sich auf Operationen im Gehirn spezialisiert hatte. Oft haben diese Operationen nicht geholfen, und Freud suchte nach neuen Methoden. Er hörte von dem französischen Arzt Charcot, der Frauen mit hysterischen Anfällen half, indem er sie in Hypnose versetzte. Freud fuhr nach Paris, wo er erlebte, wie die Patienten in Trance versetzt wurden und sich in diesem Zustand an Erlebnisse erinnerten, die ihre Krankheit verursacht haben könnten. In einigen Fällen half diese Erinnerung, die Krankheit zu heilen.

Weil sich aber nicht alle Patienten in Hypnose versetzen lassen, wendet Freud eine andere Methode an. Er bittet seine Patienten, einfach zu erzählen, ohne viel nachzudenken. Nach einiger Zeit findet er heraus, dass das besser geht, wenn der Patient auf einer Couch liegt und seinen Gedanken freien Lauf lassen kann, ohne den Arzt anzugucken. Sein Verfahren nennt Freud »Psychoanalyse«, die Analyse der Seele.

Freud in seinem Londoner Arbeitszimmer.

Ebenso wie Freud beschäftigte sich C. G. Jung mit der Traumdeutung.

Freud, dessen Hobby die Archäologie ist, gräbt in den Tiefen der Erinnerung seiner Patienten nach Erlebnissen, die die Ursache für das Problem des Patienten sind. Dabei entdeckt er, dass der Mensch nicht nur unvernünftig ist, sondern von Kräften in ihm selbst gelenkt und bestimmt wird, auf die er keinen Einfluss hat. Er entdeckt, dass viele der Ursachen unseres Verhaltens versteckt sind und wir nichts von ihnen wissen. Diesen Bereich unserer Seele nennt er das Unbewusste.

Um diesen Bereich zu erforschen, findet Freud neben dem freien Gedankenfluss auf der Couch noch ein weiteres wichtiges Mittel: die Traumdeutung. Sperren, die dafür sorgen, dass das Unbewusste nicht ins Bewusstsein gelangen kann, sind im Traum aufgehoben, und der Arzt kann in andere Bereiche der Seele vordringen und dort auf Erinnerungen an Erlebnisse stoßen, die die Seele des Patienten geprägt haben.

Um die Seele besser verstehen zu können, stellte er sie sich als dreistöckiges Gebäude vor: Ein Geschoss nennt er das Es. Das ist der Bereich der angeborenen Triebe: Hunger, Sexualität, Atmung, Fluchtreflexe, Wut, Mutterinstinkt, Überlebenswille und so weiter. In dem Bereich des Es sind

auch erworbene Bereiche der Seele angelegt · Ängste zum Beispiel, Sucht-
verhalten und Zwangsneurosen wie zum Beispiel Putzfimmel oder Wasch-
zwang.

Dann gibt es noch das Über-Ich. Da ist das zu Hause, was vom
Menschen erwartet wird: dass er nicht stehlen und schlagen
soll zum Beispiel. Dass er in der Schule aufpassen soll, dass
er nett zu Tieren sein soll und so weiter und so weiter. Das,
was Kinder ständig von ihren Eltern gesagt bekommen:
»Putz dir die Zähne!«, »Wasch dir die Hände!«, »Lass die anderen Kinder auch mal spielen!«, »Pass auf!«. Man braucht
nur auf einen Spielplatz zu gehen, und schon hört man die
ganze Palette. Alles, was Menschen gesagt bekommen, lesen,
hören, wird nach Freud im Über-Ich gespeichert und formt das
Wesen des Menschen. Während ein Mensch heranwächst, wird immer mehr in diesem Bereich gespeichert. Von Verkehrsregeln bis hin
zu Einstellungen in Liebesangelegenheiten.

Freud in seiner
Sommerwohnung.

Die dritte Ebene ist das Ich. Das Ich muss zwischen dem Es und dem Über-
Ich entscheiden und vermitteln. Wenn zum Beispiel jemand Hunger hat
(Es), sich von der Geburtstagstorte nehmen will und das Über-Ich sagt, es
ist verboten, sich einfach etwas zu nehmen, dann schlägt das Ich vielleicht vor, mal zu fragen. Vieles von dem, was im Bereich des Ich passiert,
ist uns bewusst. Hier zeigt sich, wie wir uns geben, wie wir von den anderen Menschen gesehen werden möchten.

Moderne Psychologen stellen sich die Seele noch etwas bildlicher vor: Was
in unserem Kopf passiert, denken sie sich wie die Vorstandssitzung in einer Firma. Da sitzt einer, der ist ängstlich, sieht bei allem zuerst das Risiko. Dann ist da eine, die ist wagemutig, eine, die denkt, ohne Risiko kann
man auch nichts gewinnen. Dann ist da noch jemand, der nur daran denkt,
wie er etwas bekommt, mit dem er angeben kann. Und einer, der nur das
Geld sieht, das sich verdienen lässt.

Ein weiterer in der Firma denkt vielleicht an die Umwelt, ist immer dafür, etwas zu spenden. Und zu guter Letzt gibt es noch den Vorstandsvorsitzenden, der am Ende entscheiden muss, was gemacht wird. Der verkörpert also das Ich.

Zwar hat der Vorsitzende die Möglichkeit zu entscheiden, aber er muss darauf achten, dass keiner in der Runde zu kurz kommt. Meistens wird er den Vertreter aus der Abteilung Es, der wild auf Schokolade ist, zurückpfeifen, weil der Vertreter aus der Abteilung Über-Ich immer wieder ins Feld führt, dass Schokolade dick macht und überhaupt ungesund ist. Aber wenn er immer nur gedeckelt wird, könnte es sein, dass der Schokoladenfreund eines Tages ausrastet und eine Fressattacke in Szene setzt, die auch den Vorsitzenden mitreißt und ihn Dinge tun lässt, die er gar nicht tun wollte.

Wenn man sich diese zerstrittene und sich widersprechende Runde im Kopf vorstellt, wird klar, dass Freud und seine Nachfolger ein Denkmodell entworfen haben. Ein Denkmodell, mit dessen Hilfe sie sich besser vorstellen können, was im Kopf eines Menschen vor sich geht. So kann man versuchen zu erahnen, welcher Teil der Seele einen Menschen dazu bringt, sich besonders traurig zu fühlen, depressiv, wie die Psychologen sagen. Oder zu verstehen, warum manche Menschen sich plötzlich einbilden, Arnold Schwarzenegger zu sein oder ein armes indisches Mädchen. Oder warum Menschen Dinge kaufen, die sie gar nicht brauchen. Klamotten zum Beispiel, mit denen sie glauben, Eindruck machen zu müssen. Wenn man sich so eine Mannschaft im Hirn vorstellt, kann man sich viel leichter erklären, warum Menschen nicht immer vernünftig handeln. Und das war ja die Frage, die Freud beantworten wollte.

Allerdings ist es Freud nicht besonders gut gelungen, die Patienten, die zu ihm kamen, zu heilen. Denn seine These, dass man Angst besiegen kann, indem man die Ursache dafür findet, hat sich nicht bewahrheitet. So wird die von Freud so benannte Therapieform der Psychoanalyse zwar

Der Künstler Alfred Kubin hat in seinen Bildern oft Träume und Ängste von Menschen festgehalten.

immer noch angewandt und manchmal auch mit Erfolg; es sind aber inzwischen andere Methoden entdeckt worden, seelische Krankheiten zu heilen, die erfolgreicher und schneller sind.

Eine dieser Methoden ist die sogenannte Verhaltenstherapie. Dabei wird nur in seltenen Fällen nach der Ursache von seelischen Schwierigkeiten gesucht. Wichtiger ist, dass sich das Verhalten und die Gefühle in der Gegenwart ändern. So werden zum Beispiel Menschen, die fürchterliche Angst vor Spinnen haben, mit Spinnen in Berührung gebracht.

Sie erfahren interessante Dinge über Spinnen, besuchen einen Spinnenzoo, bekommen später sogar Spinnen auf die Hand gesetzt. Bis die Patienten von ihrer Angst vor Spinnen befreit sind oder wenigstens so wenig Angst haben, dass sie damit leben können, dass es auf dieser Welt nun mal Spinnen gibt.

Leute, die sich nicht entspannen können oder die Ängste haben, zum Beispiel vor Dunkelheit oder Menschenmengen, Leute, die zu viel essen oder magersüchtig sind, oder solche, die es nicht schaffen, das Rauchen aufzugeben – all diesen Menschen können die Psychotherapeuten helfen. Dabei müssen sie oft trickreich vorgehen und für jeden Patienten passende Wege entdecken.

Das Schwierige an unserer Seele oder Psyche, wie die Leute sagen, ist, dass sie materiell nicht greifbar ist. Was im Gehirn vorgeht, wie es funktioniert, ist ungeheuer kompliziert und vielfältig, und wir wissen davon ziemlich wenig. Aber immerhin wissen wir, wie wenig wir wirklich vom Gehirn wissen.

Mithilfe moderner Techniken kann man heute sehen, welche Teile des Gehirns aktiv sind, wenn wir zum Beispiel über einen Witz lachen, wenn wir uns ein schönes Bild vorstellen oder Schmerz empfinden. So hat man sogar herausgefunden, in welche Gehirnregionen man Elektroden einsetzen kann, mit denen man Schmerz oder Depressionen abstellen oder auslösen kann. Das bedeutet, dass die Seele oder Psyche nicht mehr nur als »Geist« angesehen werden kann, sondern dass es Gehirnmasse gibt, wo Zellen sich so miteinander verknüpft haben, dass daraus, wie Freud gesagt hätte, Ich, Es, und Über-Ich werden.

Frauen als Entdeckerinnen

Wenn man dieses Buch durchblättert, wird man sich wundern, dass so wenig Frauen darin vorkommen. Wo doch immer die Hälfte der Menschheit weiblich war – und es unter den Frauen bestimmt genauso viele neugierige, interessierte und entdeckungsfreudige gegeben hat wie unter den Männern.

In den frühen Zeiten, als noch alle Entdecker für die Nachgeborenen unbekannt und namenlos blieben, könnten natürlich viele Entdeckungen von Frauen gemacht worden sein. Als Hüterinnen des Feuers werden sie vieles entdeckt haben, was mit dem Feuer zusammenhing: Kochen und Backen, das Brennen von Ton, das Schmelzen von Metall.

Auch könnten Frauen entdeckt haben, wie man Kleidung und Schuhe herstellt, welche Samen am besten gesät werden, um Pflanzen oder ihre Früchte ernten zu können. Ich halte es für sehr wahrscheinlich, dass es Frauen waren, die viele der wichtigen Entdeckungen gemacht haben, die für das Überleben der Menschheit wichtig waren – Entdeckungen, die es überhaupt erst möglich machten, dass die Menschen genug Zeit hatten, um sich über Dinge Gedanken zu machen, die nicht unmittelbar lebenswichtig waren.

Wie zum Beispiel die alten Griechen. Da waren es zwar nur Männer aus der Oberschicht, die sich auf den Marktplätzen trafen und über die Götter und die Welt philosophierten. Aber wer weiß: Vielleicht stammten manche der klugen Gedanken, die sie dort austauschten, auch wieder von Frauen, die nur lieber zu Hause blieben, wenn die Männer auf dem Marktplatz ihre Reden schwangen.

Immerhin kennen wir eine Frau, die in der Zeit der Griechen als Denkerin berühmt war. Ihr Name ist Hypatia von Alexandria (ca. 370–415). Ihr Vater unterrichtete sie in Mathematik und Philosophie, also in allem, was ein Gebildeter damals wissen musste. Bald leitete sie eine eigene Philosophenschule und wurde im ganzen Mittelmeerraum bekannt. Sie hat es geschafft – und hatte eines gemeinsam mit den Wissenschaftlerinnen späterer Zeiten bis heute: Als Frau musste sie sehr viel besser als ein Mann sein, um gleichrangig behandelt zu werden. Hypatia wurde von fanatischen Christen in Alexandria erschlagen. Manche sagen, sie sei die Erste gewesen, die dem Hexenwahn der Christen zum Opfer fiel.

Hildegard von Bingen (1089–1179) blieb dieses Schicksal erspart. Weil sie ein großes Kloster leitete und als Predigerin und Theologin bekannt war, konnte sie sich mit Kräutern und Medizin beschäftigen, ohne in den Verdacht zu geraten, eine Hexe zu sein. Frauen aus dem Volk, die mit Kräutern und Salben ihre Mitmenschen heilten, waren in Hildegards Zeit, dem Mittelalter, oft schlecht angesehen und wurden von der Kirche bekämpft. Aber in dieser Zeit hatten es alle Menschen schwer, die neugierig waren und Wissen erlangen wollten, das nicht in der Bibel stand.

Aus der Zeit, als sich das änderte, der Renaissance, sind uns keine Namen von Frauen überliefert, die als Entdeckerinnen oder Wissenschaftlerinnen gearbeitet hätten. Das sah die Rolle der Frau einfach nicht vor.

Frauen hatten damals viele Kinder, mit denen sie voll beschäftigt waren. Dieses Rollenbild, dass Frauen ins Haus und an den Herd gehören, haben manche heute noch. So war es viele Jahrhunderte lang für ein junges Mädchen undenkbar, Wissenschaftlerin oder Entdeckerin zu werden.

Als vor etwa 130 Jahren die Frauen anfingen, mehr Rechte für sich einzufordern, war es für sie selbstverständlich, dass dazu auch der Zugang zum Studium gehörte. Allerdings hatten die ersten Frauen, denen es gelang, sich an einer Universität einzuschreiben, größte Schwierigkeiten. Professoren spuckten Gift und Galle und sprachen offen über die minderen geistigen Fähigkeiten der Frauen. Was damals alles über »die Frau« gesagt wurde, ist mir als Mann heute noch peinlich. Bei all der Missgunst und all den Anfeindungen müssen die wenigen ersten Studentinnen sehr gute Nerven gehabt haben.

Marie Curie (1867–1934) musste sogar ihr Heimatland Polen verlassen, um studieren zu können. In Paris hat sie Physik und Mathematik studiert und dann mit ihrem Mann Pierre Curie die Radioaktivität erforscht.

1903 wurde ihr der Nobelpreis für Physik überreicht, acht Jahr später der Nobelpreis für Chemie. Zwei Nobelpreise auf zwei verschiedenen Gebieten hat vor ihr und nach ihr niemand bekommen. Sie starb an Leukämie, einem Blutkrebs, wahrscheinlich durch die radioaktive Strahlung, die sie erforschte; denn damals wusste man noch nichts von der Gefährlichkeit der Radioaktivität.

Marie Curie als Studentin.

Lise Meitner (1878–1968) musste ebenfalls dafür kämpfen, dass sie studieren durfte. Sie war die zweite Frau, die an der Wiener Universität ihren Doktor machte. Als sie in Berlin anfing, die Radioaktivität und die Kernspaltung zu erforschen, musste sie das Gebäude durch den Hintereingang betreten und durfte nicht in die Hörsäle, weil Frauen damals in Preußen nicht studieren durften.

Später, als in Deutschland die Nazis an die Macht kamen, musste sie nach Schweden auswandern, weil sie Jüdin war. Sie blieb aber in engem Kontakt mit ihrem Kollegen Otto Hahn, dem 1938 die erste Kernspaltung gelang. Lise Meitner konnte erklären, was da passiert war, und ausrechnen, welch riesige Energiemenge bei der Atomspaltung freigesetzt wurde. Ihr wurde klar, dass die Atomspaltung genauso gut für eine Bombe wie als Energiequelle für die Stromerzeugung genutzt werden kann. Als sie gebeten wurde, am Bau der Atombombe mitzuarbeiten, lehnte sie vehement ab. Otto Hahn wurde für die Entdeckung der Kernspaltung der Nobelpreis verliehen. Lise Meitner ging leer aus, was viele Wissenschaftler als ungerecht empfanden.

Lise Meitner und
Otto Hahn mit ihren freien
Mitarbeitern, 1924.

Das Laboratorium, in welchem das Radium entdeckt worden ist: ein Schuppen mit schadhaftem Glasdach und sehr einfachen Einrichtungen für chemische Arbeiten.

Ich finde es immer wieder erstaunlich, mit welch einfachen Mitteln Lise Meitner, Marie Curie und Otto Hahn ihre bahnbrechenden Entdeckungen machten.

Lise Meitner und Otto Hahn in der Holzwerkstatt.

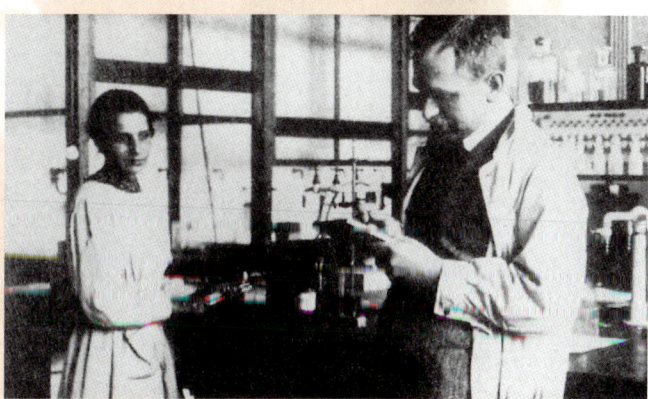

Lise Meitner und Otto Hahn im Kaiser-Wilhelm-Institut für Chemie in Berlin, 1928.

Hier noch einige Frauen, die für Ihre Forschungen den Nobelpreis bekommen haben:

Gerty Theresa Cori (1896–1957) hat erforscht, wie der menschliche Körper Kohlehydrate (in Zucker, Kartoffeln, Nudeln usw.) nutzt.

Rosalind Franklin (1920–1958) hat die Röntgenaufnahmen gemacht, die es Watson und Crick ermöglichten, die Struktur der DNS zu entdecken.

Rita Levi-Montalcini (geb. 1909) beschloss, Medizin zu studieren, als ihr Kindermädchen an Krebs starb. Sie hat im Krieg vielen Menschen geholfen und daneben Forschung betrieben. Für ihre Entdeckungen auf dem Gebiet des Nervenwachstums bekam sie 1986 den Nobelpreis. Sie ist übrigens die älteste noch lebende Nobelpreisträgerin.

Christiane Nüsslein-Volhard (geb. 1942) hat entdeckt, wie die Gene die Entwicklung eines Embryos beeinflussen, also wie die Information, die in den Genen enthalten ist, den Bau eines Organismus steuern.

Linda B. Buck (geb. 1947) hat die Zellen gefunden, mit denen wir riechen, und erforscht, wie Geruchszellen und Gehirn zusammenarbeiten.

Man sieht, immer mehr Frauen werden berühmte Wissenschaftlerinnen. Und ganz sicher werden es immer mehr werden. Denn in den Gymnasien sind die Mädchen in der Überzahl und haben im Durchschnitt auch bessere Noten als die Jungen. Auch die Zahl der Professorinnen steigt. Waren 1997 noch 9 % der Lehrstuhlinhaber in Deutschland Frauen, so waren es 2007 schon 15,2 %. Ich bin sicher, dass es bald ebenso viele weibliche wie männliche Entdecker geben wird. Schade, dass diese Entwicklung erst so spät begonnen hat. Wo könnte die Menschheit heute wohl stehen, hätte man schon früher Frauen an die Universitäten gelassen?

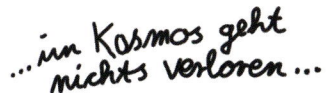

Planck, Einstein & Co.

Als der hervorragende Schüler Max Planck vor der Entscheidung stand, Altgriechisch und Latein, Musik oder Physik zu studieren, riet ihm ein wohlmeinender Physikprofessor von der Physik ab: »Das Gebäude der theoretischen Physik ist fertiggestellt. Da sind nur noch ein paar Ecken auszukehren.« Planck entschied sich trotzdem für die Physik und half später sogar, Teile des Gebäudes, von dem der Professor gesprochen hatte, einzureißen und ganz neue Trakte zu errichten. Eine der »Ecken«, die noch auszukehren waren, hatte mit dem Licht zu tun.

1897 machten die Amerikaner Michelson und Morley ein Experiment mit einem überraschenden Ergebnis: Sie maßen die Lichtgeschwindigkeit einmal in Richtung der Bewegung der Erde, die immerhin mit einer Geschwindigkeit von 30 Kilometern in der Sekunde durchs Weltall saust, und dann noch einmal in entgegengesetzter Richtung. Eigentlich sollte man annehmen, dass einen das Licht aus einer Lichtquelle, der man entgegenfliegt, schneller erreicht als eine, vor der man davonfliegt. Aber so oft Michelson und Morley auch maßen – die Lichtgeschwindigkeit war in beiden Richtungen gleich!

Anders – und für uns »normal« – wäre das, was mit einem Ball geschieht, den man in einem Flugzeug herumwirft: Wenn wir in einem Flugzeug fliegen und von hinten einen Ball in Richtung Cockpit werfen, fliegt er für uns etwa 10 Meter in der Sekunde schnell. Einmal angenommen, jemand am Boden könnte den Ball sehen: Für diesen Beobachter wäre der Ball 150

Meter in der Sekunde schnell, wenn das Flugzeug 500 Stundenkilometer schnell fliegt. 500 Stundenkilometer entsprechen etwa 140 Metern in der Sekunde, dazu kommen die 10 Meter pro Sekunde für den geworfenen Ball, macht 150. Würde der Ball vom Cockpit aus zurückgeworfen, wäre er für den Beobachter auf der Erde logischerweise nur 130 Meter in der Sekunde schnell: 140 für das Flugzeug minus 10 für den Ball.

Damals saß im Schweizer Patentamt in Bern ein »technischer Experte dritten Grades« und dachte über genau dieses Problem nach. Er überlegte, dass für den, der im Flugzeug den Ball wirft, dessen Geschwindigkeit immer 10 Meter in der Sekunde beträgt, egal in welche Richtung er wirft. Aber wie ist nun mit der Lichtgeschwindigkeit? Wenn in beide Enden eines Zuges der Blitz einschlägt, überlegte der technische Experte weiter, wird das von einem Beobachter an der Strecke als gleichzeitig wahrgenommen. Ein Reisender im Zug würde aber den Blitzeinschlag vorne früher bemerken als den hinten, auch wenn der Zeitversatz sehr, sehr klein wäre und kaum messbar.

Der Name des technischen Experten im Berner Patentamt war Albert Einstein. Bis zum Jahr 1905 war seine berufliche Laufbahn eher glanzlos gewesen, aber in diesem Jahr begann sein Aufstieg zum Superstar der Wissenschaft des 20. Jahrhunderts. Weil alle Beobachtungen des Lichts für jeden Betrachter, egal ob er sich bewegt oder nicht, immer richtig sind, also relativ, nannte er die Theorie, die er aufstellte, Relativitätstheorie.

Und er dachte weiter nach: Wenn die Lichtgeschwindigkeit gleich schnell ist, egal ob sie in Fahrtrichtung oder ihr entgegen gemessen wird, was ändert sich dann, wenn zum Beispiel jemand mit halber Lichtgeschwindigkeit durchs Weltall fliegt? Irgendetwas muss sich doch ändern im Gegensatz zu jemandem, der gemächlich dahinsegelt.

Einstein schloss, dass, wenn die Lichtgeschwindigkeit konstant, also immer gleich bleibt, sich eben Zeit und Raum verändern müssen. Er prägte den Begriff der Raumzeit und kam mit seinen Überlegungen zu Erkenntnissen, die auf den ersten Blick als sehr merkwürdig erscheinen. Zum Beispiel behauptete er, dass, wenn einer von zwei Zwillingen eine längere Reise durchs Weltall unternähme und dabei immer mit hoher Geschwindigkeit fliegen würde – dass er dann bei seiner Rückkehr jünger wäre als sein Bruder.

Das mochte man kaum glauben, aber man hat es ausprobiert. Man hat eine Atomuhr, also eine Uhr, die supergenau die Zeit messen kann, in ein Flugzeug gepackt und einmal quer über die USA und zurück geflogen. Und tatsächlich war die Uhr »jünger«, das heißt, sie ging etwas nach gegenüber einer zweiten Atomuhr, die am selben Ort geblieben war.

Einstein hat Theorien entwickelt, die sich oft erst nach vielen Jahren als zutreffend erwiesen. Wie schon Newton sagte er bescheiden: »Ich bin nur ein Zwerg auf den Schultern von Riesen.« Solche Riesen gab es natürlich viele, und in so einem Buch wäre für sie alle viel zu wenig Platz. Aber die allerwichtigsten will ich wenigstens kurz vorstellen:

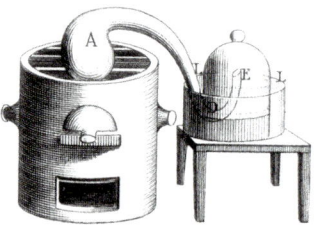

Nikolaus Kopernikus (1473–1543), Johannes Kepler (1571–1630) und Galileo Galilei (1571–1630) haben sich mit dem Lauf der Planeten um die Sonne beschäftigt. Dass die Sonne im Mittelpunkt der Planetenbahnen steht, war ihnen bald klar. Für die Ideen Einsteins war aber am wichtigsten, dass sie entdeckt haben, dass die Bahnen der Planeten Regeln folgen. Isaac Newton (1642-1726) entdeckte dann den Grund, warum sich die Planeten so bewegen, wie sie es tun: Die Schwerkraft bestimmt ihre Bahnen. Newton fand dafür auch eine mathematische Gleichung. Er hatte herausgefunden, dass es für jede Kraft eine Wirkung geben muss. Oder eine »Gegenkraft«, wie er sagte. Wer es genauer wissen will: Mehr über diese vier großen Entdecker habe ich in dem Buch »Christophs Experimente« geschrieben.

Antoine Laurent de Lavoisier (1743–1794) war ein Pionier der Chemie, der die Zusammensetzung der Materie erforschen wollte. Er entdeckte das Gesetz von der Erhaltung der Masse, das besagt, dass bei allen chemi-

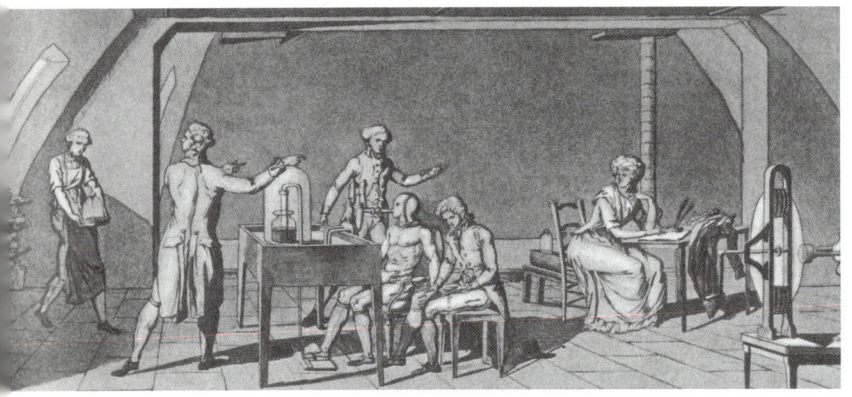

Antoine de Lavoisier erforschte in seinem Labor die Atemluft und machte dabei bedeutende Entdeckungen.

schen Umwandlungen die Masse immer gleich bleibt. Dass zum Beispiel beim Verbrennen nichts verschwindet, sondern sich der Kohlenstoff mit Teilen der Luft verbindet. Es geht im Kosmos also nichts verloren.

Michael Faraday (1791–1867) entdeckte Kraftfelder, die von Drähten ausgingen, in denen elektrischer Strom floss. Er dachte als Erster an elektromagnetische Wellen und hatte den Verdacht, dass auch Licht eine elektromagnetische Welle ist.

James Clerk Maxwell (1831–1897) war ein hervorragender Mathematiker. Er fand Formeln, mit denen man die Beziehung von Strom und Magnetfeldern darstellen konnte. Er schaffte es sogar, die Geschwindigkeit von elektromagnetischen Wellen zu errechnen: 29 979 245 Meter in der Sekunde. Das ist genau die Lichtgeschwindigkeit – ein weiterer Beweis, dass Licht eine elektromagnetische Welle ist.

Für Einstein war es selbstverständlich, dass sich die Natur so verhält, wie es eine richtige Gleichung fordert. Wenn also die Geschwindigkeit des Lichts sich nie verändert und man die Geschwindigkeit durch die Entfernung beschreibt, die in einer bestimmten Zeit zurückgelegt wird, dann müssen eben der Raum und die Zeit veränderlich sein. Das war ein sehr ungewöhnlicher Gedanke, aber Einsteins Theorien zur »Raumzeit« erweisen sich als wahr. So hat er etwa behauptet, dass die Schwerkraft eines Sterns Raum und Zeit verändert. Er sagte voraus, dass die Schwerkraft der Sonne das Licht eines Sternes ablenken kann. Und tatsächlich stellte sich bei einer Sonnenfinsternis heraus, dass Einsteins Berechnungen richtig waren.

Er sagt auch merkwürdige Sachen wie, dass die Zeit an meinen Füßen schneller vergeht als an meinem Kopf. Und noch langsamer, wenn ich auf einen Kirchturm steige. Natürlich geht es dabei nur um winzigste Sekundenbruchteile. Aber ohne Einsteins Formeln gäbe es zum Beispiel kein

satellitengestütztes Navigationssystem (GPS), denn dabei kommt es wirklich auf die allergenaueste Bestimmung der Zeit an.

Einstein liebte es, ungewöhnlich zu denken. Während andere fragen: »Wann fährt der Zug durch Ulm?«, fragte Einstein: »Wann kommt Ulm am Zug vorbei?« Das heißt, er beschäftigte sich damit, wie die Welt aussieht, wenn alles in Bewegung ist. Und da sind alle Beobachtungen relativ.

Ein Düsenflugzeug ist schnell, wenn wir es vom Boden aus beobachten. Wenn ich es aus einem Passagierflugzeug sehe, das selbst etwa 500 Stundenkilometer schnell ist und in dieselbe Richtung fliegt, sieht es schon viel langsamer aus. Und wenn jemand von einem Hochhaus fällt und dabei in einen Spiegel guckt, könnte er denken: »Komisch, wo kommt bloß der Wind in meinen Haaren her?«

Im Jahr 1905, als Einstein im Alter von 26 Jahren seine Ideen zur speziellen Relativitätstheorie veröffentlichte, schrieb er noch eine andere Arbeit, die die Physik revolutionierte. Darin ging es um den photoelektrischen Effekt. Wir kennen diesen Effekt von Solarzellen, Videokameras und digitalen Fotoapparaten. Es geht um die Umwandlung von Licht in elektrischen Strom. Bis dahin war man sich, wie wir schon hörten, sicher gewesen, dass Licht aus elektromagnetischen Wellen besteht. Der photoelektrische Effekt lässt sich aber nur erklären, wenn man sich Licht als Strom von Lichtteilchen (Photonen) vorstellt. Also: Was ist denn nun richtig?, fragten sich die Physiker. Die Antwort war verwirrend: Licht ist mal eine Welle, mal ein Strom von Teilchen. Beides ist richtig.

Und noch etwas war für die Physiker verwirrend. Max Planck, der gute Schüler, der doch Physiker geworden war, hatte, um seine Beobachtungen an glühenden Körpern beschreiben zu können, zu einem Trick gegriffen: Er hatte eine feste Größe eingeführt, das Wirkungsquantum, damit seine Berechnungen mit dem übereinstimmten, was er beobachtete. Einstein war der Ansicht, dass es diese Quanten wirklich gäbe, dass, wenn Elektronen in eine andere Bahn springen, sie das mit einem »Quantensprung« tun, wobei unter bestimmten Bedingungen ein Photon, also ein Lichtteilchen, frei wird.

Max Planck, 1947.

Das war der Beginn der Quantenphysik, von der einer ihrer Begründer, Werner Heisenberg, sagte: »Wer behauptet, die Quantenphysik verstanden zu haben, der hat sie nicht verstanden.« Wie andere Physiker, die gewohnt waren, dass Ursache und Wirkung logisch aufeinanderfolgen, war auch Einstein die Quantenphysik suspekt. Unschärfe und Zufall spielen hier eine große Rolle, und der Beobachter beeinflusst das Ergebnis seiner Beobachtungen. Kritisch fragte Einstein: »Steht der Mond auch am Himmel, wenn keiner hinschaut?« Nils Bohr, ein wichtiger Verfechter der Quantentheorie, soll darauf geantwortet haben:

Beweisen Sie mir doch das Gegenteil!

Natürlich wussten beide, dass Quanteneffekte nur im kleinsten Bereich, also im Reich der Atome, Elektronen, Photonen usw. zu beobachten sind. Dafür kann man da wirklich Unglaubliches registrieren. Zum Beispiel die Teleportation. Im Raumschiff Enterprise heißt das »beamen«. Bei den Versuchen der Physiker geht es aber nicht darum, Menschen von einem Ort zum anderen zu transportieren, sondern um die Eigenschaften von Lichtteilchen. Wenn die miteinander »verschränkt«, also zum Beispiel einmal zusammengestoßen sind, scheinen sie ihre Eigenschaften immer zusammen zu ändern, auch wenn sie noch so weit voneinander entfernt sind. Und das gleichzeitig, ohne dass Zeit vergeht! Einstein mochte diese »spukhafte Fernwirkung«, wie er sie nannte, überhaupt nicht. Wie er überhaupt der Quantenphysik sehr kritisch gegenüberstand.

Trotzdem scheinen viele Behauptungen der Quantenphysiker zu stimmen. Täglich haben wir mit Produkten zu tun, deren Funktion nur mit Quantenphysik zu erklären ist: Laser sind in jedem CD-Spieler und an jeder Supermarktkasse im Einsatz. Ohne Transistoren und Chips gäbe es keine Radios, Fernseher, Computer und Handys. Auch LEDs funktionieren, weil man herausgefunden hat, wie man Quanteneffekte nutzen kann. Und ganz selbstverständlich benutzen wir die Solarzellen, Videokameras und digitalen Fotoapparate, deren Funktion auf dem von Einstein entdeckten photoelektrischen Effekt beruht.

Und was gibt's noch zu entdecken?

Bis zu seinem Lebensende hat Einstein versucht, den Gegensatz zu überbrücken, der sich darin zeigt, dass Licht einmal Welle, einmal ein Strom von Teilchen ist. Auch mit der Quantentheorie konnte er sich nicht so recht anfreunden. Und bis heute wird nach einer einheitlichen Theorie gesucht, die alle Erscheinungen unserer physischen Welt gleich stimmig erklärt. Denn während die Relativitätstheorie für die Weiten des Weltalls zu gelten scheint, stimmen die Beobachtungen in der Welt der winzig kleinen Elementarteilchen eher mit der Quantentheorie überein. Manche Physiker schlagen vor, man solle sich die Welt im Allerkleinsten so vorstellen wie eine schwingende Saite und nennen das Stringtheorie. Andere meinen, die Welt im allerkleinsten Bereich sähe eher so aus wie Schaum. Das alles, darüber sind sich alle einig, sind nur Theorien, die in weiten Bereichen mit dem übereinstimmen, was man bei Experimenten beobachten kann – während andere Beobachtungen wieder gegen diese Theorien sprechen.

Und was gibt es in Zukunft noch alles zu entdecken? Ich denke, die Zahl der wissenschaftlichen Entdeckungen wird immer weiter und wohl auch immer schneller zunehmen. Als ich selbst ein Kind war, lebte man bei uns in Deutschland noch ganz anders als heute. Nur zum Beispiel: Wir hatten erst ein, dann zwei Fernsehprogramme, und es gab noch kein PCs. Dabei ist das ja so lange nicht her. Wie anders war es da erst zur Zeit meiner Ur- oder Ururgroßeltern vor, sagen wir, 150 Jahren. Was ist in der Zeit passiert? Nun, manchmal waren es auf den ersten Blick eher unspektakuläre Dinge, die unser Leben verändert haben. Zum Beispiel Tee und Kaffee. Bevor die nach Europa kamen und für viele Menschen erschwinglich waren, hatten die Menschen der schlechten Wasserqualität wegen schon tagsüber verdünnten Wein und Apfelmost getrunken. Man stelle sich vor, welche Energien freigesetzt wurden, als das durch Tee und Kaffee ersetzt wurde!

Dann kamen die Entdeckungen Liebigs zur Pflanzendüngung und die Erfindung des Traktors und anderer Landmaschinen. Vor hundert Jahren arbeiteten 95 % der Menschen in der Landwirtschaft, um die Versorgung mit Nahrungsmitteln sicherzustellen. Heute sind es weniger als 5 %, also können 95 % der Menschen anderen Tätigkeiten nachgehen. Menschen, die zudem auch länger leben, weil durch die Entdeckungen von Pasteur, Koch und anderen die Hygiene und die medizinische Versorgung unsere Lebenserwartung drastisch erhöht haben.

Als ich ein Kind war, waren Frauen in der Wissenschaft noch eine Ausnahme. Heute sind sie zwar immer eine Minderheit unter den Wissenschaftlern, dennoch ist heute eine Frau mit Professorentitel keine Exotin mehr. Kaffee, Traktor, Hygiene, die Beteiligung von Frauen – alles Dinge, die enorme Kräfte freigesetzt und unser Leben verändert haben. Die Zahl der Ergebnisse wissenschaftlichen Forschens ist gigantisch angestiegen. Durch das Internet werden die Entdeckungen auch sofort überall auf der Welt bekannt. Forscher können über die ganze Welt verteilt an einem Thema forschen und sich gegenseitig unterstützen.

Das bedeutet natürlich auch, dass Entdeckungen in der Wissenschaft heute nicht mehr oder nur noch sehr selten von Einzelnen gemacht werden. Das einsame Entdeckergenie, den Superstar der Wissenschaft, wird es in Zukunft wohl immer weniger geben. Auf der anderen Seite sind Entdeckungen heute wichtiger denn je. Denn wir haben gelernt, dass die Zukunft kein vorbestimmtes »Schicksal« ist, sondern durch unsere Ideen und durch unser Handeln gestaltet werden kann.

Auch wenn es auf dem Globus keine weißen Flecken mehr gibt, ist noch längst nicht jede Weltgegend erforscht. Von den Meeren ganz zu schweigen. Wir haben noch ziemlich wenig Ahnung von dem, wie das Leben im Meer funktioniert. Das müssen wir aber, wenn wir die Möglichkeiten nutzen wollen, die die Meere für die Ernährung der Menschen bieten. Ein weiteres ziemlich unerforschtes Gebiet liegt zwischen unseren Ohren: das Gehirn. Wie es genau funktioniert, fangen wir gerade erst an herauszufinden. Dabei wäre es für das Überleben der Menschheit enorm wichtig zu verstehen, warum sich Menschen so verhalten, wie sie sich verhalten. Warum fahren manche übergroße Autos? Warum prügeln sich Leute in Fußballstadien? Warum wollen so viele in ihrem eigenen Auto unterwegs sein? Warum hassen Völker andere so sehr, dass sie gegen sie in den Krieg ziehen?

Früher war es so, dass die Entdecker die Welt vorangebracht haben, das Leben aber auch ohne sie weitergegangen wäre. Heute brauchen wir Entdecker und das Wissen, das durch sie entsteht, damit wir Menschen die Herausforderungen, die wir selbst geschaffen haben, bestehen können. Der Klimawandel ist da nur eine von vielen.

Wäre heute ein Wissenschaftler vorstellbar, der vom Studium seines Faches abrät, weil es dort nichts nennenswert Neues mehr zu entdecken gibt? Ich glaube nicht. Wer also Entdecker werden will: Nur zu!

Zum Schluss

Heute haben die Menschen – zumindest bei uns in Europa – viel mehr Zeit, sich um Dinge zu kümmern, die nicht für das unmittelbare Überleben notwendig sind.

Viele nutzen diese Zeit zum Spielen, zum Fernsehen oder um irgendwie anders die Zeit totzuschlagen. Aber viele nutzen ihre Zeit auch, um Neues zu schaffen, etwa indem sie malen und sich Songs ausdenken. Und es gibt die Entdeckergeister, die ihre Lebensaufgabe darin finden, zum Beispiel Pflanzen zu erforschen oder Elementarteilchen aufeinander-prallen zu lassen.

Das bedeutet, dass es in Zukunft immer mehr Dinge geben wird, die erforscht und entdeckt werden. Die Erfahrung zeigt, dass das wahrscheinlich eine gute Sache ist. Denn bisher waren die Entdeckungen meist positiv für uns Menschen. Es wird allerdings immer wichtig sein, über die Folgen von Entdeckungen gründlich nachzudenken. Wenn es zum Beispiel ein-mal möglich sein wird, bei gewalttätigen Verbrechern den Aggressionstrieb abzuschalten, dann stellt sich natürlich die Frage, ob wir das Recht haben, die Persönlichkeit eines Men-schen zu verändern. Oder das sogar vorsorglich, sozusagen auf Verdacht zu tun.

Entdeckungen auf dem Gebiet der Medizin werden dazu führen, dass wir länger leben. Aber wie werden wir die gewonnenen Jahre nutzen? Werden wir Wege finden, zufrieden und in Würde zu sterben? Die Entdeckungen der Zukunft können und werden helfen, die Probleme der Menschen zu lösen und das Leben für alle Menschen auf der Welt lebenswert und glück-lich zu machen, davon bin ich fest überzeugt. Neue Entdeckungen werden aber auch immer neue Fragen aufwerfen und vielleicht neue Probleme schaffen.

Ganz zum Schluss

möchte ich noch all denen danken, die bei diesem Buch geholfen haben:

Thomas Montasser hatte die Idee, dass ich nach »Christophs Experimente« ein Buch über Entdeckungen schreiben sollte. Christian Herrmanny und Ulla Böger haben für dieses Buch Informationen zusammengetragen. Dr. Beatrice Nunold hat mir dabei geholfen, die Frage zu beantworten, warum die Entdeckungen, die Sigmund Freud gemacht hat, nicht schon viel früher gemacht wurden. Julius Kappel hat sich durch Bibliotheken gewühlt und viele schöne alte Bilder gefunden. Susann Martin hat den Überblick über alle Bilder behalten.

Peter Brandt hat Fotos gemacht, und Hildegard Müller hat alles zusammengesetzt, illustriert und so schön gestaltet, wie ihr es jetzt in Händen habt. Und wenn meine Frau Sabine sich nicht so um mein Seelenheil und mein Glück gekümmert hätte, wäre dieses Buch noch lange nicht fertig. Dafür danke ich ihr, und alle Leser, denen dieses Buch hoffentlich gefällt, sollten es auch tun.

Bildnachweis

Seite 125 (Labor), Thorsten Klapsch/Greenpeace; Seite 126 (Maisfeld), Martin Langer/Greenpeace; Seite 129 (Reklamebilder), Sammlung des Liebig-Museums, Gießen; Seite 137 (Penicillin), eye of science, Reutlingen; Seite 154 (Cori, Franklin, Levi-Montalcino, Buck), Ullstein Bild, (Nüsslein-Volhard), L'Oréal.

Alle anderen Abbildungen stammen aus dem Archiv des Autors.

Ebenfalls bei Hanser:

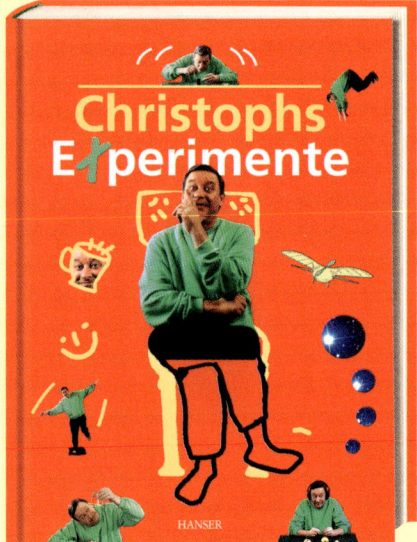

Christoph Biemann
Christophs Experimente
144 Seiten. Gebunden
ISBN 3-446-20339-6

»Knapp, verständlich, witzig bebildert.
Das Buch macht richtig Lust,
selber loszulegen.«
Geolino

Jeder kennt Christoph aus der »Sendung mit der Maus«. Und jeder weiß, dass er gern Experimente macht. Jetzt gibt es Christophs Experimente in einem Buch – 150 an der Zahl und alle mit Geling-Garantie. Christoph erzählt die Geschichte von den ersten Erfindern bis zu den modernen Wissenschaftlern, und er weiß genau: Am besten versteht man sie, wenn man ihre Experimente nachmacht. Mit Wasser, mit Luft, mit den einfachsten Mitteln, die man in jedem Haushalt findet. Christophs Experimente sind kinderleicht. Sein Buch macht Lust auf Wissen. Vielleicht sogar auf Wissenschaft.

Nominiert für den Deutschen Jugendliteraturpreis 2004 (Sparte Sachbuch)

»Das schönste und spielerischste
Mitmach- und Kindersachbuch der Saison.«
Eselsohr

»Christoph Biemann ist ein großes
Buch gelungen!«
Süddeutsche Zeitung

»Christoph Biemann stillt fast jede Neugierde.
... Mit dem Buch lassen sich locker monatelang
die Nachmittage ausfüllen.«
Frankfurter Rundschau